TARIF LÉGAL

DES NOTAIRES

POUR

TOUTES LES COURS D'APPEL DE LA FRANCE

Y COMPRIS

LE DÉPARTEMENT DE LA SEINE

Loi du 20 Juin 1896.
Décrets du 25 Août 1898.

PRIX : 1 FRANC

PARIS

A L'ADMINISTRATION DU RÉPERTOIRE GÉNÉRAL PRATIQUE DU NOTARIAT
40, rue d'Assas, 40

1898

TARIF LÉGAL

DES NOTAIRES

POUR

TOUTES LES COURS D'APPEL DE LA FRANCE

Y COMPRIS

LE DÉPARTEMENT DE LA SEINE

Loi du 20 Juin 1896.
Décrets du 25 Août 1898.

PARIS

A L'ADMINISTRATION DU RÉPERTOIRE GÉNÉRAL PRATIQUE DU NOTARIAT
40, rue d'Assas, 40

1898

TARIF LÉGAL

DES NOTAIRES

Loi du 20 juin 1896 (*Officiel du 20*), *ayant pour objet d'autoriser le gouvernement à fixer, par un ou plusieurs règlements d'administration publique, les honoraires, vacations, frais de rôles et autres droits qui peuvent être dus aux notaires à l'occasion des actes de leur ministère.*

Art. 1er. Il sera dressé, au moyen de règlements d'administration publique, par ressort de cour d'appel, le département de la Seine excepté, un tarif des honoraires, vacations, frais de rôles et de voyages et autres droits qui peuvent être dus aux notaires à l'occasion des actes de leur ministère.

Il sera dressé, en la forme indiquée au paragraphe 1er, un tarif spécial pour les notaires du département de la Seine.

Ces divers tarifs pourront faire l'objet de décrets successifs.

Art. 2. Pour les actes qui n'auraient pas été compris dans le tarif, les frais seront, à défaut de règlement amiable entre les notaires et les parties, taxés par le tribunal de la résidence du notaire.

Art. 3. Toutes dispositions contraires aux décrets qui seront rendus en exécution de la présente loi seront abrogées à partir de la promulgation de ces décrets.

Décrets du 25 août 1898 (*Officiel des 1er, 2, 3, 4 et 5 septembre*), *portant fixation par cours d'appel et pour le département de la Seine du tarif des honoraires, vacations, frais de rôles et de voyages et autres droits qui peuvent être dus aux notaires à l'occasion des actes de leur ministère* (1).

(1) Ces décrets, au nombre de 27, ont été rendus en exécution de la loi du 20 juin 1896 ; ils ont été promulgués au *Journal Officiel* des 1, 2, 3, 4 et 5 septembre, savoir : le 1er septembre, pour les Cours d'Agen, Aix, Amiens, Angers et Bastia ; le 2, pour celles de Besançon, Bordeaux, Bourges, Caen, Chambéry, Dijon et Douai ; le 3, pour celles de Grenoble, Limoges, Lyon, Montpellier, Nancy et Nîmes ; le 4, pour celles d'Orléans, Paris, Pau, Poitiers, Rennes, Riom et pour le département de la Seine ; le 5, pour celles de Rouen et de Toulouse.

Chaque décret est divisé en deux parties : l'une, qui comprend 24 articles, renferme des dispositions générales à peu près identiques pour toutes les Cours ; pour le département de la Seine, il est apporté une modification à l'article 13. — La seconde partie est consacrée à la tarification des actes ; pour certains actes, le tarif est le même pour toutes les Cours ; mais pour d'autres, au contraire, il y a de nombreuses modifications.

Les décrets n'ayant pas fixé de date pour leur exécution sont exécutoires un jour franc après que le *Journal Officiel* qui les contient est parvenu au chef-lieu de l'arrondissement. (Décret du 5 novembre 1870, art. 2.)

DISPOSITIONS GÉNÉRALES [1]

SOMMAIRE ALPHABÉTIQUE

1 — **Art. 1er**. Les honoraires, vacations, frais de rôles et de voyages et autres droits qui peuvent être dus aux notaires à l'occasion des actes de leur ministère sont fixés, pour le ressort de la cour d'appel de ..... (ou pour le département de la Seine), conformément au tarif ci-annexé.

2 — **Art. 2**. L'honoraire tarifé d'un acte comprend l'émolument de tous les soins, conseils, consultations, conférences, examens de pièces, projets et autres travaux relatifs à la rédaction de l'acte.

3 — **Art. 3**. Les dispositions du présent tarif ne sont point exclusives des émoluments qui peuvent être réclamés par les notaires, soit pour des travaux autres que la rédaction des actes, soit pour des missions dont ils seraient chargés à titre exceptionnel, et qui n'auraient rien d'incompatible avec la nature et la dignité (2) de leur ministère.

4 — Ces émoluments sont réglés à l'amiable sous le contrôle de la chambre de discipline.

5 — Les notaires ne peuvent percevoir aucun droit de recette et de comptabilité pour l'encaissement et la garde des fonds et des valeurs déposés en conséquence ou pour l'exécution directe d'un acte de vente ou d'emprunt passé dans leur étude.

(1) Les dispositions générales étant à peu près identiques pour toutes les Cours, nous rapporterons seulement celles d'un décret; nous indiquerons en note les modifications de style apportées par certains décrets.

(2) Quelques décrets ne contiennent pas les mots « et la dignité ».

6 — **Art. 4.** Il est interdit aux notaires, sous peine de restitution et de poursuites disciplinaires, s'il y a lieu, d'exiger des droits et honoraires plus élevés que ceux portés au tarif.

7 — Les notaires peuvent faire remise de la totalité des honoraires d'un acte ; ils ne peuvent en accorder la remise partielle qu'avec l'autorisation de la chambre de discipline.

8 — **Art. 5.** Aucun honoraire n'est dû pour l'acte, la copie ou l'extrait déclarés nuls par la faute du notaire.

9 — **Art. 6.** Lorsqu'un acte contient plusieurs conventions dérivant ou dépendant les unes des autres, il n'est perçu d'honoraires que sur la convention principale.

10 — Si les conventions sont indépendantes et donnent lieu à des droits distincts d'enregistrement, l'honoraire est dû pour chacune d'elles.

11 — **Art. 7.** Les actes dressés sur projets présentés par les parties donnent droit aux mêmes honoraires que s'ils sont rédigés par le notaire lui-même.

12 — **Art. 8.** Les notaires doivent réclamer la consignation des frais qu'ils auront à débourser pour les actes qu'ils sont chargés de dresser.

13 — **Art. 9.** Avant tout règlement, les parties peuvent réclamer le compte détaillé des sommes dont elles sont redevables (1).

14 — Ce compte est établi sur deux colonnes, l'une destinée aux déboursés et l'autre aux honoraires ; il n'est délivré qu'une fois.

15 — **Art. 10.** Le concours d'un second notaire à un même acte n'en augmente pas l'honoraire. Toutefois, si l'acte est rétribué par vacations, il est dû des vacations à chaque notaire instrumentant.

16 — **Art. 11.** Il est interdit aux notaires de partager leurs honoraires avec un tiers.

17 — Entre notaires, si le règlement intérieur de la compagnie n'en dispose autrement, le partage se fait de la manière suivante : le notaire qui garde la minute a droit à la moitié de l'honoraire et le notaire en second à l'autre moitié ; les droits de rôles appartiennent exclusivement au notaire détenteur de la minute.

18 — **Art. 12.** Le notaire constitué dépositaire des minutes d'une étude vacante par décès a droit à la moitié de tous les honoraires d'actes ou d'expéditions. L'autre moitié revient aux représentants du notaire décédé, qui sont tenus de supporter les frais d'étude.

19 — En cas de démission, suspension ou destitution, le notaire commis a droit à tous les produits nets de l'office.

20 — **Art. 13.** Il est alloué aux notaires, suivant la nature des actes compris dans le tarif, des honoraires fixes ou gradués, des honoraires proportionnels, des vacations ou des honoraires par rôles de minute.

---

(1) Le premier paragraphe de l'art. 9 est ainsi rédigé dans certains décrets : « Avant tout règlement, le client peut réclamer le compte détaillé des sommes dont il est débiteur. »

21 — En outre, il leur est alloué des droits de rôles pour les expéditions qui leur sont réclamées.

22 — (*Paragraphe ajouté pour le département de la Seine*) : Toutefois, pour les actes rémunérés par un honoraire proportionnel, le droit de rôle n'est pas dû sur la première expédition requise.

23 — **Art. 14.** L'honoraire proportionnel est perçu sur le capital exprimé dans les actes. Lorsqu'il porte sur des sommes excédant 100 francs, le calcul se fait sans fraction et par somme ronde de 20 francs en 20 francs.

24 — **Art. 15.** Dans les contrats ayant pour objet des prestations en nature, l'honoraire est calculé d'après l'évaluation faite pour la perception du droit d'enregistrement.

25 — Lorsque la valeur de l'immeuble n'est pas exprimée dans l'acte, elle est obtenue en multipliant le revenu annuel par 25 pour les immeubles ruraux, et par 20 pour les immeubles urbains.

26 — **Art. 16.** L'usufruit et la nue propriété sont respectivement évalués à la moitié de la valeur de la propriété (1).

27 — Toutefois, la donation avec réserve d'usufruit au profit du donateur donne droit au même honoraire (2) que celle qui porte sur la propriété.

28 — **Art. 17.** L'honoraire alloué à l'occasion d'un testament ou de dispositions (3) dont l'exécution est subordonnée au décès est calculé sur l'actif net que reçoit le bénéficiaire.

29 — Si celui-ci a droit à une réserve, il n'est rien dû sur ce qu'il recueille à ce titre.

30 — **Art. 18.** L'honoraire n'est perçu qu'une fois sur les valeurs qui figurent dans plusieurs opérations successives comprises dans un même acte de liquidation.

31 — **Art. 19.** Pour les actes relatifs à des biens ou droits dont la valeur n'excède pas 500 francs, quelle que soit la longueur de l'expédition, le notaire ne peut avoir droit qu'à l'émolument de deux rôles.

32 — **Art. 20.** Il est alloué aux notaires, par vacation de trois heures, 8 francs au chef-lieu de la cour d'appel et dans les villes dont la population excède 30.000 âmes ; 6 francs partout ailleurs.

33 — La première vacation commencée est due en entier. Les autres se payent en proportion du temps écoulé.

34 — Les actes rétribués par vacations constatent l'heure du commencement et celle de la fin des opérations, ainsi que les interruptions. Dans le cas où il est dû des frais de voyage, le temps employé au voyage ne compte pas dans le calcul des vacations.

35 — **Art. 21.** L'honoraire par rôle de minute est de 5 francs par rôle de trente-cinq lignes à la page et de vingt syllabes à la ligne.

(1) Ou d'après quelques décrets « perçu en matière de testament ou de dispositions..... »

(2) Le premier paragraphe de l'art. 16 est ainsi rédigé dans quelques décrets : « L'usufruit et la nue propriété sont évalués à la moitié de la toute propriété. »

(3) Ou d'après quelques décrets : « A la perception du même honoraire. »

36 — Toutefois, pour les cahiers des charges de vente judiciaire, il est seulement de 3 francs par rôle.

37 — Les honoraires par rôle de copie, de vingt-cinq lignes à la page, de quinze syllabes à la ligne, sont fixés :

38 — A 3 francs pour les expéditions et les grosses au chef-lieu de la cour d'appel et dans les villes dont la population excède 30.000 âmes ; à 2 francs partout ailleurs ;

39 — A 3 francs pour les extraits analytiques ;

40 — A 75 centimes pour les expéditions dont le coût est à la charge de l'Etat, des établissements de bienfaisance et d'assistance et des bénéficiaires de la loi sur les habitations à bon marché ;

41 — Et à 50 centimes pour les expéditions dont le coût est à la charge de l'administration de l'enregistrement.

42 — Les copies collationnées donnent lieu à un droit fixe de 5 francs en sus des droits de rôles.

43 — Le rôle commencé est dû en entier, s'il est seul ; par fraction non inférieure à la moitié, s'il y a plusieurs rôles.

44 — **Art. 22.** Lorsque le notaire est obligé de se transporter dans une localité éloignée de plus de 2 kilomètres de sa résidence ; il perçoit pour frais de voyages, par kilomètre parcouru, en allant et en revenant :

45 — 1° 20 centimes si le transport a été effectué en chemin de fer ;

46 — 2° 40 centimes si le transport a eu lieu autrement.

47 — Si le déplacement exige plus d'une journée, il est alloué, en outre, 10 francs par journée.

48 — Tout voyage requis la nuit est payé double.

49 — Il n'est alloué qu'un seul droit de transport pour la totalité des actes que le notaire aura faits dans un même déplacement.

50 — **Art. 23.** Tous actes, quelle que soit leur nature, ayant pour objet le mariage des indigents, le retrait de leurs enfants des hospices et la reconnaissance de leurs enfants naturels, sont reçus gratuitement par les notaires, sur la production par les parties intéressées du certificat prévu par l'article 6 de la loi du 10 septembre 1850.

51 — La gratuité s'applique même aux frais de voyages.

52 — Il en est de même des actes reçus dans l'intérêt des personnes qui ont obtenu le bénéfice de l'assistance judiciaire, lorsqu'ils sont passés à l'occasion ou en exécution des instances dans lesquelles elles ont figuré, mais seulement dans le cas où ils doivent être visés pour timbre et enregistrés en débet.

53 — Lorsqu'il s'agit des actes compris au paragraphe précédent, les honoraires des notaires peuvent être recouvrés ultérieurement dans les conditions et les formes prévues par la loi du 22 janvier 1851.

54 — **Art. 24.** Les notaires doivent tenir dans leur étude, à la disposition de toute personne qui en fera la demande, un exemplaire du tarif fixant leurs honoraires.

TARIF [1]

Abandon de biens par un héritier bénéficiaire. (Art. 802 C. civ.)

Moitié des honoraires perçus en matière de vente. Minimum : 5 fr.

Abandon des biens d'une substitution.
(Art. 1053 C. civ.)

A titre onéreux : Honoraire comme en matière de vente.

A titre gratuit : Moitié des honoraires perçus en matière de donation.

Minimum : 6 fr.; sauf Limoges, Lyon, Montpellier, Nimes, Paris : 5 fr.

Abandon d'immeubles grevés de servitude.
(Art. 699 C. civ.)

Unilatéral : 6 fr.; sauf Aix, Caen, Chambéry, Grenoble, Lyon, Nimes, Orléans : 5 fr.; Riom : 8 fr.; Seine 9 fr.

Conventionnel : Honoraires comme en matière de vente. Minimum : 5 fr.; sauf Agen, Amiens, Angers : 6 fr.

Abandon de la quotité disponible.
(Art. 917 C. civ.) (Par acte séparé.)

Unilatéral : 6 fr.; sauf Riom, Toulouse : 8 fr.; Seine : 9 fr.

Accepté : Honoraires, comme en matière de délivrance de legs.

Acceptation d'abandon (Par acte séparé).

4 fr. en brevet; 6 fr. en minute, sauf : Poitiers, 4 fr. en brevet ou minute; Toulouse, 4 fr. en brevet, 8 fr. en minute; Seine : 4 fr. 50 en brevet, 9 fr. en minute.

Et 2 fr. en plus par chaque créancier intervenant dans le même acte en sus du premier.

Acceptation de cession, de communauté, de délégation, de legs, de nantissement, de succession et toutes les acceptations autres que celles qui seront nommément tarifées (par acte séparé).

4 fr. en brevet; 6 fr. en minute, sauf Toulouse : 4 fr. en brevet, 8 fr. en minute; Seine, 4 fr. 50 en brevet, 9 fr. en minute.

Acceptation de donation.

Voir *Donation entre vifs.*

Acceptation de lettre de change ou autre valeur commerciale.

Agen, Amiens, Bastia, Besançon, Bordeaux, Bourges, Caen, Dijon, Douai, Lyon, Montpellier, Orléans, Paris, Pau, Riom, Rouen : 4 fr.

Aix, Chambéry, Grenoble, Nimes, Rennes : 6 fr.

Poitiers : 0,125 p. 100. Minimum : 2 fr. — Toulouse : 0,125 p. 100. Minimum : 3 fr.

Seine : 0,25 p. 100. — Angers, Nancy : 0,25 p. 100. Minimum : 2 fr. — Limoges : 0,25 p. 100. Minimum : 3 fr.

Acceptation d'emploi. (Par acte séparé.)

A. Lorsque l'emploi ou le remploi a été fait au moyen d'un achat ou d'un placement ayant donné lieu à un honoraire proportionnel dans l'étude : 6 fr.; sauf Pau, Riom, Toulouse : 8 fr.; Seine : 9 fr.

B. Dans le cas contraire : 0,25 p. 100, sauf Seine : 0,25 p. 100 de 1 à 800.000 fr.; 0,125 p. 100 au-dessus.

Minimum : Poitiers : 4 fr. — Agen, Amiens, Bastia, Bourges, Caen, Dijon, Douai, Limoges, Montpellier, Nancy, Nimes, Orléans, Paris, Pau, Riom, Rouen : 5 fr. — Aix, Angers, Besançon, Bordeaux, Chambéry, Grenoble, Lyon, Rennes : 6 fr. — Toulouse : 8 fr.

Acquiescement pur et simple
(par acte séparé).

4 fr. en brevet, 6 fr. en minute; sauf Toulouse : 4 fr. en brevet, 8 fr. en minute; Seine : 4 fr. 50 en brevet, 9 fr. en minute.

Et, en plus, 2 fr. par chaque partie, en sus de la première, ayant un intérêt distinct et intervenant dans l'acte.

Acte complémentaire, interprétatif, rectificatif.

Honoraires par rôles de minute.

Acte imparfait.

Honoraires par rôles de minute.

Acte respectueux.

Réquisition : 8 fr.; sauf Seine : 9 fr. — Notification : 16 fr. — Non compris les rôles de copies.

Adhésion pure et simple (par acte séparé).

4 fr. en brevet; 6 fr. en minute; sauf Toulouse : 4 fr. en brevet, 8 fr. en minute; Seine : 4 fr. 50 en brevet, 9 fr. en minute.

Et, en plus, 2 fr. par chaque partie en sus de la première ayant un intérêt distinct et intervenant dans l'acte.

Adoption testamentaire (au décès de l'adoptant).

I. *Si le testament est authentique ou mystique* :

Bastia : 1 p. 100 de 1 à 10.000 fr.; 0,75 p. 100 de 10.000 à 20.000 fr.; 0,50 p. 100 de 20.000 à 50.000 fr.; 0,25 p. 100 au-dessus.

Douai : 1 p. 100 de 1 à 50.000 fr.; 0,50 p. 100 de 50.000 à 100.000 fr.; 0,25 p. 100 au-dessus.

Caen, Orléans : 1 p. 100 de 1 à 50.000 fr.; 0,50 p. 100 de 50.000 à 200.000 fr.; 0,25 p. 100 au-dessus.

Riom : 1 p. 100 de 1 à 50.000 fr.; 0,75 p. 100 de 50.000 à 100.000 fr.; 0,50 p. 100 de 100.000 à 300.000 fr.; 0,25 p. 100 au-dessus.

Angers : 1 p. 100 de 1 à 50.000 fr.; 0,50 p. 100 de 50.000 à 500.000 fr.; 0,25 p. 100 au-dessus.

Amiens, Besançon, Dijon, Montpellier : 1 p. 100 de 1 à 100.000 fr.; 0,50 p. 100 de 100.000 à 300.000 fr.; 0,25 p. 100 au-dessus.

Aix, Bourges, Chambéry, Grenoble, Limoges, Nîmes, Pau, Poitiers, Rouen : 1 p. 100 de 1 à 100.000 fr.; 0,50 p. 100 de 100.000 à 500.000 fr.; 0,25 p. 100 au-dessus.

Agen, Bordeaux, Nancy, Paris, Rennes, Toulouse : 1 p. 100 de 1 à 200.000 fr.; 0,50 p. 100 de 200.000 à 500.000 fr.; 0,25 p. 100 au-dessus.

Lyon : 1 p. 100 de 1 à 300.000 fr.; 0,50 p. 100 de 300.000 à 600.000 fr.; 0,25 p. 100 au-dessus.

Seine : 0,50 p. 100 jusqu'à 1 million de francs; 0,25 p. 100 de 1 à 3 millions de francs; 0,125 p. 100 au-dessus.

Sans préjudice du droit fixe dû à l'occasion de la rédaction du testament.

II. *Si le testament est olographe* : Moitié des honoraires ci-dessus.

Minimum : 6 fr.; sauf Paris: 5 fr.; Aix : 8 fr.; Amiens: 10 fr.; Limoges, Lyon, 12 fr. Pas de minimum : Bordeaux, Chambéry, Grenoble, Lyon, Nancy, Rennes, Toulouse.

Affectation hypothécaire.

I. *Par acte séparé :* 6 fr., si l'acte primitif est en l'étude; au cas contraire, moitié de l'honoraire de l'acte principal sans pouvoir dépasser 0,25 p. 100 pour les baux et 0,50 p. 100 pour les autres actes; — sauf Seine, pas de droit fixe; dans tous les cas, moitié de l'honoraire de l'acte principal comme ci-dessus.

II. *Par un tiers dans l'acte principal :* Moitié des honoraires ci-dessus; sauf Seine: pas d'honoraires.

Minimum : 6 fr.; sauf Bordeaux : 4 fr.; Limoges : 4 fr. (5 fr. par acte séparé); Nancy, Rennes, Toulouse : 5 fr.; Bastia, Bourges, Montpellier, Paris : 5 fr. (6 fr. par acte séparé).

Constitution d'hypothèque maritime. Poitiers : 0,25 p. 100.

Affiches et insertions.

Affiches manuscrites : 0,50 c. par affiche. — Affiches imprimées : 6 fr. pour droit de rédaction.

Insertion dans les journaux : 6 fr. pour rédaction.

Seine : il est d'usage de ne réclamer que les déboursés; les honoraires sont compris dans l'honoraire de vente.

Affrètement.

Caen : 0,20 p. 100.

Agen, Aix, Angers, Bastia, Dijon, Douai, Nancy, Orléans, Paris, Seine, Rennes, Riom, Rouen, Toulouse : 0,25 p. 100.

Besançon : 0,30 p. 100.

Lyon : 0,40 p. 100 de 1 à 10.000 fr.; 0,25 p. 100 au-dessus.

Bordeaux, Limoges, Pau, Poitiers : 0,50 p. 100.

Bourges, Chambéry, Grenoble : 0,50 p. 100 de 1 à 5.000 fr.; 0,25 p. 100 au-dessus.

Nîmes : 0,50 p. 100 de 1 à 25.000 fr.; 0,25 p. 100 au-dessus.

Montpellier : 0,50 p. 100 de 1 à 50.000 fr.; 0,25 p. 100 au-dessus.

Amiens : 0,50 p. 100 de 1 à 100.000 fr.; 0,25 p. 100 au-dessus.

Minimum : Bordeaux, Douai : 4 fr.; — Amiens, Bastia, Bourges, Dijon, Limoges, Montpellier, Orléans, Paris, Rennes, Riom, Rouen, Toulouse : 5 fr.; — Aix, Besançon, Caen, Chambéry, Grenoble, Lyon, Nancy, Nîmes, Pau, Poitiers : 6 fr. Pas de minimum : Agen, Angers.

Ampliation. (Art. 844 proc. civ.)

8 fr.; sauf Seine : 9 fr.

Antériorité (Consentement à).

Droit fixe pour les cours ci-après : Orléans : 5 fr. — Amiens, Montpellier, Rouen : 6 fr.

Droit proportionnel pour les cours ci-après : Angers, Caen : 0,10 p. 100 ; — Bordeaux, Bourges, Dijon, Douai, Paris, Pau, Seine : 0,25 p. 100 ; — Besançon : 0,25 p. 100 de 1 à 100.000 fr. ; 0,125 p. 100 au-dessus. — Agen, Aix, Limoges, Lyon, Nancy, Nîmes, Poitiers, Rennes, Riom, Toulouse : 0,50 p. 100 ; — Bastia : 0,50 p. 100 de 1 à 10.000 fr. ; 0,25 p. 100 au-dessus ; — Chambéry, Grenoble : 0,50 p. 100 de 1 à 50.000 fr. ; 0,25 p. 100 au-dessus.

Sur la somme profitant d'une façon effective de l'antériorité.

Minimum : 6 fr. ; sauf 5 fr., Bastia, Nancy, Paris, Rennes, Toulouse. Pas de minimum : Lyon.

Antichrèse (par acte séparé).

Honoraires comme en matière d'affectation hypothécaire ; sauf Poitiers : 0,50 p. 100 sur le montant de la créance garantie.

Minimum : Rennes : 5 fr. ; Aix, Caen, Nîmes, Orléans, Poitiers : 6 fr. Pas de minimum pour les autres cours.

Apprentissage. (Loi du 22 février 1851.)
2 francs.

Arbitres et experts (Nomination d').
Honoraires par rôles de minute.

Arrêté de compte de tutelle.
Voir *Compte de tutelle.*

Assurance (Contrat d').

0,10 p. 100 sur le montant de la valeur assurée. Minimum : 6 fr. ; sauf Bourges : 4 fr. Nancy, Paris, Toulouse : 5 fr.

Autorisation.

4 fr. en brevet, 6 fr. en minute ; sauf Seine : 4 fr. 50 en brevet, 9 fr. en minute.

Autorisation pour faire le commerce.

6 fr. en brevet, 8 fr. en minute ; sauf Poitiers, 4 fr. en brevet, 6 fr. en minute ; Seine, 4 fr. 50 en brevet, 9 fr. en minute.

Aval.

0,25 p. 100 ; sauf Poitiers, Toulouse : 0,125 p. 100 ; Agen : 0,30 p. 100. — Minimum : 2 fr. ; sauf Agen, Toulouse : 3 fr.

Bail.

I. — BAIL DE GRÉ A GRÉ

1° Bail à ferme. — Angers, Caen : 0,20 p. 100.

Aix, Bastia, Douai, Nancy, Orléans, Paris, Poitiers, Rennes, Rouen : 0,25 p. 100.

Besançon, Dijon : 0,30 p. 100.

Pau : 0,40 p. 100.

Lyon, Riom : 0,40 p. 100 de 1 à 10.000 fr. ; 0,25 p. 100 au-dessus.

Amiens : 0,40 p. 100 de 1 à 50.000 fr. ; 0,25 p. 100 au dessus.

Agen, Bordeaux, Toulouse : 0,50 p. 100.

Bourges, Chambéry, Grenoble : 0,50 p. 100 de 1 à 5.000 fr. ; 0,25 p. 100 au-dessus.

Limoges : 0,50 p. 100 de 1 à 15.000 fr. ; 0,25 p. 100 au-dessus.

Montpellier : 0,50 p. 100 de 1 à 50.000 fr. 0,25 p. 100 au-dessus.

Nîmes : 0,60 p. 100 de 1 à 5.000 fr. ; 0,50 p. 100 de 5.000 à 25.000 fr. ; 0,25 p. 100 au-dessus.

Sur le prix total des années du bail, augmenté des charges.

Seine : 0,25 p. 100 sur les loyers cumulés des neuf premières années ; 0,125 p. 100 sur les loyers cumulés des années suivantes.

2° Bail à loyer. — Même tarif que le bail à ferme, sauf Bordeaux : 0,33 p. 100 sur le prix total des années du bail, augmenté des charges.

3° Bail à nourriture. — Même tarif que le bail à ferme, sauf :

Amiens : 1 p. 100 de 1 à 100.000 fr. ; 0,50 p. 100 de 100 à 300.000 fr. ; 0,25 p. 100 au-dessus.

Nancy : 0,50 p. 100.

Sur le prix total des années du bail, augmenté des charges, sauf Nancy sur dix années au maximum.

4° Bail à pâturage. — Même tarif que le bail à ferme sur le prix total des années du bail, augmenté des charges.

5° Bail à colonage. — Bastia, Douai, Nancy, Paris, Rennes, Rouen : 0,25 p. 100.

Angers, Besançon, Caen, Dijon : 0,30 p. 100.

Orléans : 0,375 p. 100.

Pau, Poitiers : 0,40 p. 100.

Lyon : 0,40 p. 100 de 1 à 10.000 fr. ; 0,25 p. 100 au-dessus.

Amiens : 0,40 p. 100 de 1 à 50.000 fr. ; 0,25 p. 100 au-dessus.

Agen, Bordeaux, Toulouse : 0,50 p. 100. Chambéry, Grenoble : 0,50 p. 100 de 1 à 5.000 fr. ; 0,25 p. 100 au-dessus.

Limoges : 0,50 p. 100 de 1 à 15.000 fr. ; 0,25 p. 100 au-dessus. Minimum 10 fr.

Montpellier : 0,50 p. 100 de 1 à 50.000 fr. ; 0,25 p. 100 au-dessus.

Nîmes : 0,60 p. 100 de 1 à 5.000 fr. ; 0,50 p. 100 de 5.000 à 25.000 fr. ; 0,25 p. 100 au-dessus.

Bourges. Un an : 1 p. 100 ; au delà : 0,50

p. 100 de 1 à 5.000 fr.; 0,25 p. 100 au-dessus.

Riom. Pour un bail d'un an : 1 p. 100 de 1 à 10.000 fr.; 0,50 p. 100 au-dessus. Pour un bail de deux ans : 0,50 p. 100 de 1 à 10.000 fr.; 0,25 p. 100 au-dessus. Pour un bail de trois ans et au-delà : 0,40 p. 100 de 1 à 10.000 fr.; 0,25 p. 100 au-dessus.

Sur l'évaluation de la part totale des fruits revenant au propriétaire.

6° Bail à cheptel. — Angers, Caen : 0,20 p. 100.

Bastia, Douai, Nancy, Orléans, Paris, Poitiers, Rennes, Rouen : 0,25 p. 100.

Besançon, Dijon : 0,30 p. 100.

Pau : 0,40 p. 100.

Lyon, Riom : 0,40 p. 100 de 1 à 10.000 fr.; 0,25 p. 100 au-dessus.

Amiens : 0,40 p. 100 de 1 à 50.000 fr.; 0,25 p. 100 au-dessus.

Agen, Bourges : 0,50 p. 100.

Chambéry, Grenoble : 0,50 p. 100 de 1 à 5.000 fr.; 0,25 p. 100 au-dessus.

Montpellier : 0,50 p. 100 de 1 à 50.000 fr.; 0,25 p. 100 au-dessus.

Nîmes : 0,60 p. 100 de 1 à 5.000 fr.; 050 p. 100 de 5.000 à 25.000 fr.; 0,25 p. 100 au-dessus.

Bordeaux, Limoges, Toulouse : 1 p. 100

Sur l'évaluation de la part totale du croît revenant au propriétaire.

7° Bail à vie. — Douai : 0,25 p. 100.

Agen, Aix, Bordeaux, Montpellier, Nancy : 0,50 p. 100.

Bourges : 0,50 p. 100 de 1 à 5.000 fr.; 0,25 p. 100 au-dessus.

Nîmes : 0,60 p. 100 de 1 à 5.000 fr.; 0,50 p. 100 de 5.000 à 25.000 fr.; 0,25 p. 100 au-dessus.

Angers, Bastia, Besançon, Caen, Dijon, Limoges, Lyon, Orléans, Paris, Poitiers, Seine, Rennes, Rouen, Toulouse : 1 p. 100.

Riom : 1 p. 100 de 1 à 50.000 fr.; 0,50 p. 100 au-dessus.

Amiens, Chambéry, Grenoble : 1 p. 100 de 1 à 100.000 fr.; 0,50 p. 100 de 100.000 à 300.000 fr.; 0,25 p. 100 au-dessus.

Pau : 1 p. 100 de 1 à 100.000 fr.; 0,50 p. 100 de 100.000 à 500.000 fr.; 0,25 p. 100 au-dessus.

Sur le capital formé de dix fois la redevance annuelle.

8° Bail à durée illimitée, emphytéotique. — Agen, Aix, Angers, Bastia, Besançon, Bordeaux, Caen, Dijon, Douai, Limoges, Lyon, Orléans, Paris, Poitiers, Seine, Rennes, Toulouse : 1 p. 100.

Bourges : 0,50 p. 100 de 1 à 5.000 fr., 0,25 p. 100 au-dessus.

Nîmes, Riom : 1 p. 100 de 1 à 50.000 fr.; 0,50 p. 100 au-dessus.

Rouen : 1 p. 100 de 1 à 100.000 fr.; 0,50 p. 100 au-dessus.

Amiens, Chambéry, Grenoble, Montpellier, Nancy : 1 p. 100 de 1 à 100.000 fr.; 0,50 p. 100 de 100.000 à 300.000 fr. ; 0,25 p. 100 au-dessus.

Pau : 1 p. 100 de 1 à 100.000 fr.; 0,50 p. 100 de 100.000 à 500.000 fr.; 0,25 p. 100 au-dessus.

Sur le capital formé de vingt fois la redevance annuelle.

9° Bail de carrière. — Chambéry, Grenoble : Honoraires comme pour vente de meubles.

Minimum applicable à tous les baux indiqués ci-dessus : 5 fr., sauf Bordeaux, Douai, Nancy : 4 fr. — Aix, Amiens, Besançon, Lyon, Nîmes, Riom : 6 fr.

II. — BAIL PAR ADJUDICATION. (Cahier des charges compris.)

Dijon, Limoges, Lyon : Un quart en sus des honoraires du bail de gré à gré.

Angers, Bordeaux, Caen, Nîmes, Pau, Poitiers : Moitié en sus des honoraires du bail de gré à gré.

Rennes : 0,40 p. 100.

Besançon, Orléans, Paris, Rouen, Toulouse : 0,50 p. 100.

Douai : 0,50 p. 100; emphytéotique : 2 p. 100 sur le capital formé de vingt fois la redevance annuelle.

Bastia : 0,50 p. 100 de 1 à 5.000 fr.; 0,25 p. 100 au-dessus.

Montpellier : 0,50 p. 100 de 1 à 50.000 fr.; 0,25 p. 100 au-dessus.

Riom : 0,60 p. 100 de 1 à 10.000 fr.; 0,40 p. 100 au-dessus.

Bourges : 0,75 p. 100 de 1 à 5.000 fr.; 0,375 p. 100 au-dessus.

Aix : 0,75 p. 100 de 1 à 10.000 fr.; 0,50 p. 100 au-dessus.

Nancy. En bloc : 0,75 p. 100 de 1 à 10.000 fr.; 0,50 p. 100 au-dessus. En détail : 2 p. 100 sur la première année; 1 p. 100 au delà.

Agen : 1 p. 100.

Chambéry, Grenoble : 1 p. 100 de 1 à 50.000 fr.; 0,50 p. 100 au-dessus.

Amiens : 1,50 p. 100 de 1 à 10.000 fr.; 0,75 p. 100 de 10.000 à 50.000 fr.; 0,50 p. 100 au-dessus.

Seine : 0,50 p. 100 sur les loyers cumulés des neuf premières années; 0,25 p. 100

sur les loyers cumulés des années suivantes.

Minimum : 8 fr., sauf Orléans : 5 fr. — Angers, Limoges : 15 fr.

III. — LOUAGE D'OUVRAGE ET D'INDUSTRIE

Caen : 0,20 p. 100.

Aix, Angers, Bastia, Douai, Orléans, Paris, Rennes, Rouen : 0,25 p. 100.

Besançon, Dijon : 0,30 p. 100.

Pau : 0,40 p. 100.

Lyon, Riom : 0,40 p. 100 de 1 à 10.000 fr.; 0,25 p. 100 au-dessus.

Amiens : 0,40 p. 100 de 1 à 50.000 fr ; 0,25 p. 100 au-dessus.

Agen, Bordeaux, Limoges, Toulouse : 0,50 p. 100.

Bourges, Chambéry, Grenoble, Poitiers : 0,50 p. 100 de 1 à 5.000 fr.; 0,25 p. 100 au-dessus.

Montpellier, Nancy : 0,50 p. 100 de 1 à 50.000 fr.; 0,25 p. 100 au-dessus.

Nimes : 0,60 p. 100 de 1 à 5.000 fr.; 0,50 p. 100 de 5.000 à 25.000 fr.; 0,25 p. 100 au-dessus.

Seine : 1 p. 100.

Minimum : 5 fr., sauf Bastia : 3 fr. — Douai : 4 fr. — Aix, Amiens, Angers, Besançon, Lyon, Nimes, Riom, Toulouse : 6 fr. — Rennes : 8 fr.

IV. — BAIL A DOMAINE CONGÉABLE

Rennes : *1° Avec superfices.* Sur les superfices : 1 p. 100 ; sur les rentes et charges : 0,25 p. 100.

2° Sans superfices : 0,50 p. 100.

Minimum : 6 fr.

Billet simple, à ordre, au porteur.

Seine : 0,25 p. 100.

Aix, Angers, Besançon, Bordeaux, Bourges, Caen, Chambéry, Dijon, Douai, Grenoble, Limoges, Lyon, Nancy, Nimes, Orléans, Paris, Pau, Poitiers, Rennes, Toulouse : 0,50 p. 100.

Bastia : 0,50 p. 100 de 1 à 20.000 fr.; 0,25 p. 100 de 20.000 à 50.000 fr.; 0,125 p. 100 au-dessus.

Riom : 0,50 p. 100 de 1 à 50.000 fr.; 0,25 p. 100 de 50.000 à 100.000 fr.; 0,125 p. 100 au-dessus.

Amiens, Montpellier, Rouen : 0,50 p. 100 de 1 à 100.000 fr.; 0,25 p. 100 au-dessus.

Agen : 0,60 p. 100.

Minimum : 3 fr., sauf Amiens, Dijon : 2 fr. — Aix, Chambéry, Grenoble, Lyon, Montpellier, Paris, Rennes : 4 fr.

Bordereau d'inscription (Rédaction de).

0,10 p. 100, sauf Angers, Bordeaux, Pau : 0,05 p. 100. — Orléans, Paris, Riom : 0,10 p. 100 de 1 à 20.000 fr.; 0,05 p. 100 au-dessus.

Minimum : 4 fr., sauf Agen, Aix, Besançon : 5 fr.

Si l'hypothèque doit être inscrite dans plusieurs arrondissements : 4 fr. par bureau, en sus du premier.

Seine. Lorsque le bordereau d'inscription est dressé en exécution immédiate d'un acte reçu par le notaire : rôles de minute. Dans tous les autres cas, 0,10 p. 100. Si l'hypothèque doit être inscrite dans plusieurs arrondissements : rôles de minute sur le double envoyé à chaque bureau, en sus du premier.

Bordereau en renouvellement d'inscription.

0,10 p. 100, sauf Orléans, Paris, Riom : 0,10 p. 100 de 1 à 20.000 fr.; 0,05 p. 100 au-dessus. — Angers : 0,25 p. 100 de 1 à 10.000 fr.; 0,10 p. 100 au-dessus.

Minimum : 4 fr., sauf Agen, Aix, Besançon : 5 fr.

Si l'hypothèque doit être inscrite dans plusieurs arrondissements : 4 fr. par bureau, en sus du premier.

Seine : 0,10 p. 100. — Si l'hypothèque doit être inscrite dans plusieurs arrondissements : rôles de minute sur le double envoyé à chaque bureau, en sus du premier.

Bornage (Procès-verbal de).

Honoraires par rôles de minute.

Cahier des charges.

A. *Pour vente immobilière :* Honoraires par rôles de minute : de 3 fr. si la vente est judiciaire; de 5 fr. si la vente est volontaire. Dans ce dernier cas, l'honoraire n'est dû que si la tentative d'adjudication reste sans effet.

B. *Pour vente mobilière :* Honoraires de 5 fr. par rôle de minute. L'honoraire n'est dû que dans le cas où il n'y a pas d'adjudication.

Carence (Procès-verbal de).

Honoraires par vocation.

Cautionnement.

A. *Par acte séparé :* Moitié de l'honoraire de l'acte principal, sans pouvoir excéder 0,25 p. 100 pour les baux et 0,50 p. 100 pour les autres actes. *Minimum :* 5 fr.; sauf : Angers, Bordeaux, Caen, Chambéry, Grenoble, Limoges, Nancy : 4 fr.; Agen, Besançon, Lyon, Nimes, Riom : 6 fr.

B. *Dans l'acte contenant l'engagement principal :* Un quart de l'honoraire de l'acte principal, sans pouvoir excéder 0,25 p. 100; sauf Seine : pas d'honoraires. *Minimum :* 4 fr., sauf Limoges : 3 fr.; Bourges : 5 fr.; Lyon, Nîmes, Riom : 6 fr.

Certificat de caution (par acte séparé).

6 fr. en brevet, 8 fr. en minute, sauf Amiens, Angers, Bastia, Besançon, Bordeaux, Bourges, Limoges, Orléans, Paris, Pau, Poitiers, Rennes, Riom, Rouen, Toulouse : 4 fr. en brevet, 6 fr. en minute; — Caen : 4 fr. en brevet, 8 fr. en minute; — Seine : 4 fr. 50 en brevet, 9 fr. en minute.

Certificat de propriété.

A. Lorsqu'il est délivré pour l'exécution d'un acte contenant partage ou mutation de propriété, sur lequel un honoraire proportionnel a été perçu dans la même étude : 4 fr., sauf Seine 9 fr. et 6 fr. en sus pour chacun des notaires ayant concouru au certificat de propriété.

B. Au cas contraire : 0,25 p. 100. — Seine : 0,25 p. 100 de 1 à 800.000 fr., 0,125 p. 100 au-dessus; 6 fr. en sus pour chacun des notaires ayant concouru au certificat de propriété.

Minimum : 6 fr.; sauf Bastia, 3 fr.; Besançon, Bordeaux, Bourges, Caen, Nancy, Orléans, Poitiers : 4 fr.; Aix, Limoges, Paris, Rennes, Riom, Toulouse : 5 fr.

Certificat de vie.

A. Pour ceux délivrés dans la forme notariée : 4 fr., sauf Orléans : 2 fr.; — Bastia, Bordeaux, Chambéry, Dijon, Douai, Grenoble, Lyon, Riom, Rouen : 3 fr.; — Seine : 4 fr. 50; — Toulouse : 5 fr.

B. Pour tous autres certificats : Tarif de l'ordonnance du 6 juin 1839; des décrets des 9 novembre 1853 et 2 août 1860.

Cession de bail.

Honoraires comme en matière de bail, sur les années restant à courir.

Cession de biens par un débiteur à ses créanciers. (Art. 1265 et suiv. C. civ.)

Avec mutation de propriété : Honoraires comme en matière de vente sur la valeur des biens abandonnés; sauf :

Amiens : 1 p. 100 de 1 à 50.000 fr., 0,50 p. 100 de 50.000 à 150.000 fr.; 0,25 p. 100 au-dessus;

Angers : 1 p. 100 de 1 à 200.000 fr.; 0,50 p. 100 de 200.000 à 500.000 fr., 0,25 p. 100 au-dessus;

Bourges : 1 p. 100 de 1 à 150.000 fr.; 0,50 p. 100 de 150.000 à 500.000 fr.; 0,25 p. 100 au-dessus;

Poitiers : 1 p. 100 de 1 à 100.000 fr.; 0,50 p. 100 de 100.000 à 300.000 fr.; 0,25 p. 100 de 300.000 à 1 million de francs, 0,125 p. 100 au-dessus.

Sans mutation de propriété : Moitié des honoraires ci-dessus, sauf Seine : 0,50 p. 100 de 1 à 800.000 fr.; 0,25 p. 100 de 800.000 fr. à 1.500.000 fr.; 0,125 p. 100 au-dessus.

Minimum : Agen, Aix, Chambéry, Dijon, Douai, Grenoble, Nancy, Riom, Toulouse : 5 fr.; — Bastia, Caen, Montpellier, Nîmes, Paris, Rennes : 6 fr.; — Angers, Besançon, Bourges, Rouen : 8 fr.; — Amiens, Bordeaux, Limoges, Orléans, Poitiers : 10 fr.; — Lyon, Pau : 12 fr.

Codicille.

Honoraires comme en matière de testament.

Communauté d'habitation ou de travail (Acte de).

Sans apports : Aix, Angers, Bastia, Bourges, Caen, Montpellier, Nancy, Orléans, Paris, Seine, Rennes, Riom, Rouen, Toulouse : Honoraires par rôles de minute. — Agen, Amiens, Bordeaux, Chambéry, Dijon, Douai, Grenoble, Lyon, Nîmes, Pau, Poitiers : 6 fr. — Besançon, Limoges : 8 fr.

Avec apports : Honoraires comme pour actes de société; — sauf Agen, Amiens, Bordeaux, Caen, Dijon, Pau, Poitiers : 0,25 p. 100; — Toulouse : 0,20 p. 100.

Minimum : 5 fr.; sauf Agen, Angers, Chambéry, Grenoble, Nîmes : 6 fr.; — Besançon : 8 fr. Pas de minimum : Limoges.

Compensation.

Honoraires comme en matière de quittance sur la somme compensée.

Compromis.

Honoraires par rôles de minute.

Compte d'administration légale, d'antichrèse, de bénéfice d'inventaire, de copropriété, d'exécution testamentaire, de gestion, de mandat, de séquestre.

Bastia : 0,50 p. 100 de 1 à 20.000 fr.; 0,25 p. 100 au-dessus.

Nancy : 0,50 p. 100 de 1 à 50.000 fr.; 0,25 p. 100 au-dessus.

Chambéry, Grenoble, Montpellier, Nîmes, Orléans : 0,50 p. 100 de 1 à 100.000 fr.; 0,25 100 p. au-dessus.

Paris : 0,50 p. 100 de 1 à 200.000 fr.; 0,25 p. 100 au-dessus.

Bourges, Pau : 0,50 p. 100 de 1 à 500.000 fr.; 0,25 p. 100 au-dessus.

Seine : 0,50 p. 100 de 1 à 500.000 fr.; 0,25 p. 100 de 500.000 fr. à 1 million de fr.; 0,125 p. 100 au-dessus; sauf compte de bénéfice d'inventaire : 0,50 p. 100 de 1 à 300.000 fr.; 0,25 p. 100 de 300.000 à 600.000 fr.; 0,125 p. 100 au-dessus.

Toulouse : 0,75 p. 100 de 1 à 200.000 fr.; 0,25 p. 100 au-dessus; — sauf compte de bénéfice d'inventaire : 0,50 p. 100 de 1 à 500.000 fr.; 0,25 p. 100 au-dessus.

Riom : 1 p. 100 de 1 à 10.000 fr.; 0,50 p. 100 de 10.000 à 50.000 fr.; 0,25 p. 100 au dessus.

Douai : 1 p. 100 de 1 à 10.000 fr.; 0,50 p. 100 de 10.000 à 100.000 fr.; 0,25 p. 100 au-dessus.

Caen, Dijon, Limoges, Poitiers : 1 p. 100 de 1 à 20.000 fr.; 0,50 p. 100 de 20.000 à 100.000 fr.; 0,25 p. 100 au-dessus.

Angers : 1 p. 100 de 1 à 20.000 fr.; 0,50 p. 100 de 20.000 à 500.000 fr.; 0,25 p. 100 au-dessus.

Besançon : 1 p. 100 de 1 à 25.000 fr.; 0,75 p. 100 de 25.000 à 50.000 fr.; 0,50 p. 100 de 50.000 fr. à 100.000 fr.; 0,25 p. 100 au-dessus.

Rennes : 1 p. 100 de 1 à 25.000 fr.; 0,50 p. 100 de 25.000 fr. à 150.000 fr.; 0,25 p. 100 au-dessus.

Agen : 1 p. 100 de 1 à 25.000 fr.; 0,50 p. 100 de 25.000 à 300.000 fr.; 0,25 p. 100 au-dessus.

Aix, Rouen : 1 p. 100 de 1 à 50.000 fr.; 0,50 p. 100 de 50.000 à 200.000 fr.; 0,25 p. 100 au-dessus.

Amiens : 1 p. 100 de 1 à 50.000 fr.; 0,50 p. 100 de 50.000 à 300.000 fr.; 0,25 p. 100 au-dessus.

Bordeaux : 1 p. 100 de 1 à 100.000 fr.; 0,50 p. 100 de 100.000 à 200.000 fr.; 0,25 p. 100 au-dessus.

Lyon : 1 p. 100 de 1 à 100.000 fr.; 0,50 p. 100 de 100.000 à 300.000 fr.; 0,25 p. 100 au-dessus.

Sur le chapitre le plus élevé en recettes ou en dépenses.

Minimum : 10 fr.; sauf Angers : 6 fr. — Aix, Bastia, Bourges, Chambéry, Grenoble, Nancy, Toulouse : 8 fr. — Agen, Poitiers : 12 fr.

Compte de tutelle.

Mêmes honoraires que pour compte d'administration, sauf Pau : 1 p. 100 de 1 à 20.000 fr.; 0,50 p. 100 de 20.000 à 500.000

fr.; 0,25 p. 100 au-dessus. — S'il y a liquidation préalable dans le même acte, il est perçu, en outre, l'honoraire de liquidation sur la part revenant à l'ayant-compte, sans toutefois que l'honoraire puisse être cumulé en ce qui touche les valeurs figurant à la fois dans la liquidation et dans le compte. — Minimum : 10 fr., sauf Aix, Bastia, Bourges, Chambéry, Grenoble, Nancy, Toulouse : 8 fr.; Agen, Angers, Poitiers : 12 fr.

Récépissé de compte par acte séparé : 6 fr., sauf Bourges : 4 fr.; — Bastia, Orléans : 5 fr.; — Seine : pas d'honoraires.

Arrêté de compte : 6 fr., sauf Rennes : 5 fr.; — Seine : 9 fr.; — sous réserve du cas où il y a lieu à l'honoraire proportionnel, à raison des conventions que renferme l'acte.

Compulsoire.

Honoraires par vacation.

Congé d'acquit de bail.

4 fr. en brevet, 6 fr. en minute, sauf Nancy : 2 fr. en brevet, 4 fr. en minute; — Seine : 4 fr. 50 en brevet, 9 fr. en minute; — Poitiers : congé d'acquit, 2 fr.; congé de bail : 4 fr. en brevet. 6 fr. en minute.

Consentement à adoption, à entrer dans les ordres, à mariage, à tutelle officieuse.

4 fr. en brevet, 6 fr. en minute, sauf : Seine : 4 fr. 50 en brevet, 9 fr. en minute; Toulouse : 4 fr. en brevet, 9 fr. en minute, pour tutelle officieuse seulement.

Consentement à exécution de testament ou de donation entre époux.

6 fr., sauf Bordeaux, Seine : 9 fr.; — Rennes : 4 fr. en brevet; 6 fr. en minute; — Toulouse : 4 fr. en brevet; 8 fr. en minute. — Si le consentement vaut délivrance de legs, il est perçu l'honoraire de délivrance.

Consignations à la Caisse des Dépôts.

Autres que celles effectuées en vertu du décret du 30 janvier 1890 : 8 fr.

Constitution de pension alimentaire.

A. En vertu de l'article 205 du Code civil : 0,25 p. 100 — sauf Toulouse : 0,15 p. 100; — Rouen : 0,25 p. 100 de 1 à 100.000 fr.; 0,25 p. 100 au-dessus — sur le capital formé de dix fois la prestation annuelle.

B. Dans les autres cas : 0,50 p. 100, — sauf Rouen : 0,50 p. 100 de 1 à 100.000 fr.;

0,25 p. 100 au-dessus; — Toulouse: 0,30 p. 100 — sur le capital formé de dix fois la prestation annuelle.

Minimum : 5 fr., sauf Angers, Bourges, Caen, Nancy, Orléans, Poitiers, Rouen : 4 fr.; — Toulouse : 6 fr.

Constitution de rente perpétuelle, de rente viagère.

1° *A titre onéreux :* Honoraires comme en matière de vente de gré à gré, sauf Toulouse : 0,75 p. 100; — Aix, Besançon, Bordeaux, Douai, Limoges, Seine : 1 p. 100; — Angers : 1 p. 100 de 1 à 100.000 fr.; 0,50 p. 100 de 100.000 à 300.000 fr; 0,25 p. 100 au-dessus; — Rouen : 1 p. 100 de 1 à 100.000 fr.; 0,50 p. 100 au-dessus ; — Poitiers : 1,25 p. 100 de 1 à 5.000 fr.; 1 p. 100 au-dessus.

Sur le capital formé de vingt fois la rente perpétuelle et de dix fois la rente viagère.

2° *A titre gratuit :* Honoraires comme en matière de donation ou de testament.

Minimum : 6 fr., sauf Agen, Bordeaux. Orléans, 5 fr.; — Bourges, Toulouse : 8 fr.

Contrat de mariage.

I. *Sur les apports cumulés des époux (déduction faite des charges).*

Seine : 0,25 p. 100 jusqu'à 1 million de francs ; 0,125 p. 100 au-dessus.

Angers, Caen, Orléans, Rouen : 0,50 p. 100 de 1 à 50.000 fr. ; 0,25 p. 100 au-dessus.

Douai : 0,50 p. 100 de 1 à 50.000 fr.; 0,25 p. 100 de 50.000 à 100.000 fr.; 0,125 p. 100 au-dessus.

Pau : 0,50 p. 100 de 1 à 100.000 fr.; 0,125 p. 100 au-dessus.

Agen, Amiens, Besançon, Bordeaux, Dijon, Montpellier, Nancy : 0,50 p. 100 de 1 à 100.000 fr. ; 0,25 p. 100 au-dessus.

Lyon : 0,50 p. 100 de 1 à 100.000 fr.; 0,25 p. 100 de 100.000 à 300.000 fr. ; 0,125 p. 100 au-dessus.

Poitiers : 0,50 p. 100 de 1 à 100.000 fr.; 0,25 p. 100 de 100.000 à 1 million de fr. ; 0,125 p. 100 au-dessus.

Paris, Toulouse : 0,50 p. 100 de 1 à 200.000 fr.; 0,25 p. 100 au-dessus.

Riom : 0,75 p. 100 de 1 à 10.000 fr. ; 0,50 p. 100 de 10.000 à 50.000 fr. ; 0,25 p. 100 au-dessus.

Aix : 0,75 p. 100 de 1 à 100.000 fr.; 0,50 p. 100 de 100.000 à 200.000 fr.; 0,25 p. 100 au-dessus.

Nîmes : 1 p. 100 de 1 à 5.000 fr.; 0,50 p. 100 de 5.000 à 50.000 fr.; 0,25 p. 100 au-dessus.

Rennes, 1 p. 100 de 1 à 5.000 fr. ; 0,50 p. 100 de 5.000 à 25.000 fr.; 0,25 p. 100 au-dessus.

Limoges : 1 p. 100 de 1 à 10.000 fr.; 0,50 p. 100 de 10.000 à 100.000 fr.; 0,25 p. 100 au-dessus.

Bastia, Bourges, Chambéry, Grenoble : 1 p. 100 de 1 à 10.000 fr.; 0,50 p. 100 de 10.000 à 50.000 fr. ; 0,25 p. 100 au-dessus.

II. — *Sur les dots.*

1° *En ligne directe et entre époux.*

Caen : 0,50 p. 100 de 1 à 50.000 fr.; 0,25 p. 100 au-dessus.

Seine : 0,50 p. 100 jusqu'à 1 million de francs ; 0,25 p. de 1 à 3 millions de francs; 0,125 p. 100 au-dessus.

Nancy : 0,75 p. 100 de 1 à 50,000 fr.; 0,50 p. 100 de 50,000 à 500.000 fr.; 0,25 p. 100 au-dessus.

Poitiers : 0,75 p. 100 de 1 à 50.000 fr.; 0,50 p. 100 de 50.000 à 1 million de francs, 0,25 p. 100 au-dessus.

Besançon : 0,75 p. 100 de 1 à 100.000 fr.; 0,50 p. 100 de 100.000 à 200.000 fr. ; 0,25 p. 100 au-dessus.

Bordeaux : 0,75 p. 100 de 1 à 100 000 fr.; 0,50 p. 100 de 100,000 à 500.000 fr. ; 0,25 p. 100 au-dessus.

Dijon : 0,75 p. 100 de 1 à 100.000 fr.; 0,375 p. 100 au-dessus.

Toulouse : 0,80 p. 100 de 1 à 200.000 fr.; 0,50 p. 100 de 200.000 à 500.000 fr.; 0,25 p. 100 au-dessus.

Bastia : 1 p. 100 de 1 à 10.000 fr.; 0,50 p. 100 de 10.000 à 50.000 fr.; 0,25 p. 100 au-dessus.

Douai, 1 p. 100 de 1 à 10.000 fr.; 0,75 p. 100 de 10.000 à 50.000 fr.; 0,50 p. 100 de 50.000 à 100.000 fr.; 0,25 p. 100 au-dessus.

Riom : 1 p. 100 de 1 à 10.000 fr. ; 0,75 p. 100 de 10.000 à 30.000 fr.; 0,50 p. 100 de 30.000 à 60.000 fr. ; 0,25 p. 100 au-dessus.

Amiens : 1 p. 100 de 1 à 20,000 fr.; 0,75 p. 100 de 20.000 à 100.000 fr.; 0,35 p. 100 de 100.000 à 300.000 fr., 0,25 p. 100 au-dessus.

Orléans : 1 p. 100 de 1 à 25.000 fr.; 0,50 p. 100 de 25.000 à 100.000 fr.; 0,25 p. 100 au-dessus.

Rennes : 1 p. 100 de 1 à 25.000 fr.; 0,50 p. 100 de 25.000 à 300.000 fr.; 0,25 p. 100 au-dessus.

Limoges : 1 p. 100 de 1 à 40.000 fr.; 0,50 p. 100 de 40.000 à 500.000 fr.; 0,25 p. 100 au-dessus.

Chambéry, Grenoble : 1 p. 100 de 1 à

50.000 fr.; 0,50 p. 100 de 50.000 à 300.000 fr.; 0,25 p. 100 au-dessus.

Bourges : 1 p. 100 de 1 à 50,000 fr.; 0,50 p. 100 de 50.000 à 500.000 fr.; 0,25 p. 100 au-dessus.

Angers : 1 p. 100 de 1 à 50.000 fr.; 0,50 p. 100 de 50.000 à 600.000 fr.; 0,25 p. 100 au-dessus.

Agen, Lyon, Montpellier : 1 p. 100 de 1 à 100.000 fr.; 0,50 p. 100 de 100.000 à 300.000 fr. ; 0,25 p. 100 au-dessus.

Paris : 1 p. 100 de 1 à 100.000 fr.; 0,50 p. 100 de 100.000 à 200.000 fr.; 0,25 p. 100 au-dessus.

Aix, Nîmes, Pau, Rouen : 1 p. 100 de 1 à 100.000 fr.; 0,50 p. 100 de 100.000 à 500.000 fr.; 0,25 p. 100 au-dessus.

2° *En ligne collatérale et entre étrangers.*

Seine : 0,50 p. 100 jusqu'à 1 million de francs ; 0,25 p. 100 de 1 à 3 millions de francs; 0,125 p. 100 au-dessus.

Bastia : 1 p. 100 de 1 à 10.000 fr.; 0,50 p. 100 de 10.000 à 50.000 fr.; 0,25 p. 100 au-dessus.

Douai : 1 p. 100 de 1 à 10.000 fr. ; 0,75 p. 100 de 10.000 à 50.000 fr. ; 0,50 p. 100 de 50.000 à 100.000 fr. ; 0,25 p. 100 au-dessus.

Orléans : 1 p. 100 de 1 à 25.000 fr.; 0,50 p. 100 de 25.000 à 100.000 fr.; 0,25 p. 100 au-dessus.

Caen, Rennes : 1 p. 100 de 1 à 50.000 fr.; 0,50 p. 100 au-dessus.

Riom : 1 p. 100 de 1 à 50.000 fr.; 0,75 p. 100 de 50.000 à 100.000 fr.; 0,25 p. 100 au-dessus.

Bourges, 1 p. 100 de 1 à 50.000 fr.; 0,75 p. 100 de 50.000 à 100.000 fr.; 0,50 p. 100 de 100.000 à 500.000 fr. ; 0,25 p. 100 au-dessus.

Nancy : 1 p. 100 de 1 à 50.000 fr.; 0,75 p. 100 de 50.000 à 300.000 fr. ; 0,50 p. 100 de 300.000 à 600.000 fr.; 0,25 p. 100 au-dessus.

Angers : 1 p. 100 de 1 à 50.000 fr.; 0,50 p. 100 de 50.000 à 600.000 fr.; 0,25 p. 100 au-dessus.

Poitiers : 1 p. 100 de 1 à 50.000 fr.; 0,75 p. 100 de 50.000 à 1 million de francs; 0,50 p. 100 au-dessus.

Amiens : 1 p. 100 de 1 à 50.000 fr.; 0,80 p. 100 de 50.000 à 100.000 fr.; 0,50 p. 100 de 100.000 à 300.000 fr.; 0,25 p. 100 au-dessus.

Dijon, 1 p. 100 de 1 à 100.000 fr.; 0,50 p. 100 au-dessus.

Agen, Lyon, Montpellier : 1 p. 100 de 1 à 100.000 fr.; 0,50 p. 100 de 100.000 à 300.000 fr.; 0,25 p. 100 au-dessus.

Pau, Rouen : 1 p. 100 de 1 à 100.000 fr.; 0,50 p. 100 de 100.000 à 500.000 fr.; 0,25 p. 100 au-dessus.

Paris : 1 p. 100 de 1 à 100.000 fr.; 0,50 p. 100 de 100.000 à 200.000 fr.; 0,25 p. 100 au-dessus.

Bordeaux : 1 p. 100 de 1 à 200.000 fr.; 0,50 p. 100 de 200.000 à 500.000 fr.; 0,25 p. 100 au-dessus.

Limoges : 1,25 p. 100 de 1 à 100.000 fr.; 0,50 p. 100 au-dessus.

Besançon : 1,25 p. 100 de 1 à 100.000 fr.; 0,75 p. 100 de 100.000 à 200.000 fr. ; 0,25 p. 100 au-dessus.

Nîmes : 1,50 p. 100 de 1 à 50.000 fr.; 1 fr. p. 100 de 50.000 à 100.000 fr.; 0,50 p. 100 au-dessus.

Aix. En ligne collatérale : 1,25 p. 100 de 1 à 50.000 fr.; 1 p. 100 de 50.000 à 75.000 fr.; 0,50 p. 100 au-dessus. — Entre étrangers : 1,50 p. 100 de 1 à 50.000 fr.; 1,25 p. 100 de 50.000 à 75.000 fr.; 0,50 p. 100 au-dessus.

Chambéry, Grenoble. En ligne collatérale : 1.25 p. 100 de 1 à 50.000 fr.; 1 p. 100 de 50.000 à 100.000 fr.; 0,50 p. 100 au-dessus. — Entre étrangers : 1,50 p. 100 de 1 à 50.000 fr.; 1 p. 100 de 50.000 à 100.000 fr.; 0,50 p. 100 au-dessus.

Toulouse. En ligne collatérale : 1 p. 100 de 1 à 200.000 fr.; 0,50 p. 100 de 200.000 à 500.000 fr. ; 0,25 p. 100 au-dessus. — Entre étrangers : 1,25 p. 100 de 1 à 200.000 fr.; 0,50 p. 100 de 200.000 à 500.000 fr.; 0,25 p. 100 au-dessus.

III. — *Donation éventuelle.*

10 fr. sauf : Agen, Orléans : 5 fr. — Aix, Angers, Caen, Dijon, Douai, Limoges, Nîmes, Poitiers : 6 fr. — Nancy, Paris, Pau, Rouen : 8 fr. — Toulouse : 12 fr.

Sans préjudice du droit proportionnel à percevoir au décès, comme en matière de testament, sauf Nancy, : 0,50 p. 100 de 1 à 100.000 fr. 0,25 p. 100 au-dessus.

Seine : Pas de droit de rédaction ni d'honoraires au décès.

IV. — *Institution contractuelle.*

10 fr. sauf Agen : 5 fr. — Aix, Caen, Dijon, Douai : 6 fr. — Nancy, Nîmes, Rouen : 8 fr. — Limoges, Lyon, Orléans, Poitiers, Toulouse : 12 fr. — Seine : pas de droit fixe de rédaction.

Sans préjudice du droit proportionnel à percevoir au décès, comme en matière de testament, sauf Nancy : 0,75 p. 100 de 1 à 50.000 fr.; 0,50 p. 100 de 50.000 à 500.000 fr.; 0,25 p. 100 au-dessus.

V. — *Promesse d'égalité.*

6 fr., sauf Limoges : 5 fr. — Toulouse : 8 fr. — Agen, Chambéry, Grenoble, Pau : 10 fr. — Seine : pas de droit de rédaction.

VI. — *Minimum du contrat.*

15 fr., sauf Caen, Nancy : 12 fr. — Aix : 20 fr. — Seine : 25 fr.

Si le contrat n'est pas suivi de célébration, l'honoraire est perçu par rôles de minute.

VII. — *Société de ménage.*

Agen : 4 fr.; Bordeaux : 6 fr.

VIII. — *Résiliation du contrat de mariage*

Bastia : 5 fr. — Angers, Bourges, Caen, Chambéry, Dijon, Douai, Grenoble, Limoges, Orléans, Paris, Pau, Poitiers, Rennes, Riom, Rouen, Toulouse : 8 fr. — Bordeaux : 9 fr. — Agen, Aix, Amiens, Lyon, Montpellier, Nancy, Nîmes : 10 fr. — Besançon, Seine : 12 fr.

Contre-lettre à contrat de mariage.

Honoraires comme en matière de contrat de mariage.

Minimum : Rouen : 5 fr. — Agen : 6 fr. — Aix, Angers, Besançon, Bourges, Dijon, Limoges, Nancy, Orléans, Pau, Rennes, Toulouse : 8 fr. — Bordeaux : 9 fr. — Bastia, Caen, Lyon, Paris : 10 fr. — Chambéry, Douai, Grenoble, Nîmes : 12 fr. — Amiens, Poitiers : 15 fr.

Contributions (*Payement des*) *après adjudication de fruits et récoltes.*

3 fr., sauf Bordeaux, Lyon, Marseille, Paris, Rouen, Toulouse : 4 fr. (décret du 5 novembre 1851, art. 4).

Crédit (Ouverture de).

Avec garantie : Honoraires comme en matière d'obligation.

Sans garantie : Moitié des honoraires ci-dessus.

Minimum : 5 fr., sauf Agen : 6 fr.

Dation en payement.

Honoraires comme en matière de vente de gré à gré. Minimum : 5 fr.

Décharge de cautionnement, d'exécution testamentaire, de mandat, d'objets mobiliers de pièces, de solidarité (par acte séparé).

4 fr. en brevet, 6 fr. en minute, sauf Aix : 4 fr. en brevet, 8 fr. en minute;

Seine : 4 fr. 50 en brevet, 9 fr. en minute.

Décharge de dépôt de sommes ou valeurs.

0,25 p. 100, sauf Bordeaux : 0,10 p. 100. — Seine : 0,125 p. 100. — Chambéry, Grenoble : 0,25 p. 100 de 1 à 10.000 fr.; 0,125 p. 100 au-dessus. — Paris, Rennes : 0,25 p. 100 de 1 à 20.000 fr.; 0,125 p. 100 au-dessus. — Nancy, Orléans : 0,25 p. 100 de 1 à 50.000 fr.; 0,125 p. 100 au-dessus. — Aix : 0,25 p. 100 de 1 à 100.000 fr.; 0,125 p. 100 au-dessus. — Besançon : 0,25 p. 100 de 1 à 100.000 fr.; 0,125 p. 100 de 100.000 à 200.000 fr.; 0,0625 p. 100 au-dessus. — Toulouse : 0,25 p. 100 de 1 à 200.000 fr.; 0,125 p. 100 au-dessus.

Minimum : 5 fr., sauf Poitiers : 3 fr. — Bourges, Caen, Douai, Nancy : 4 fr. — Bordeaux, Chambéry, Grenoble : 6 fr.

Déclaration pure et simple.

Honoraires par rôles de minute.

Déclaration de command.

4 fr. jusqu'à 1.000 fr.; 8 fr. jusqu'à 5.000 fr.; 12 fr. jusqu'à 10.000 fr.; 16 fr. au-dessus.

Seine : 9 fr. si la déclaration ne contient aucune disposition nouvelle et se fait à la suite d'un acte reçu par le même notaire. Dans le cas contraire : 0,10 p. 100.

Déclaration d'emploi (par acte séparé).

Honoraires comme en matière d'acceptation d'emploi.

Déclaration d'apport ou de fortune.

Honoraires par rôles de minute.

Déclaration de grossesse ou de paternité.

10 fr., sauf Caen, Orléans : 4 fr. — Aix, Paris, Riom : 6 fr. — Toulouse : 8 fr. — Seine : 9 fr.

Déclaration d'hypothèque.

6 fr., sauf Caen, Chambéry, Grenoble : 4 fr. — Seine : 9 fr. — Bordeaux : 10 fr.

Déclaration de mobilier pour éviter une confusion.

Honoraires par rôles de minute.

Déclaration de privilège de second ordre.

A. Si elle est faite à la suite d'un acte d'emprunt reçu dans l'étude, 8 fr.; sauf : Aix : 5 fr.; — Agen, Amiens, Bastia, Nancy, Nîmes : 6 fr.; — Seine, 9 fr.

B. Dans les autres cas : 0,50 p. 100; sauf

Nîmes, Riom : 0,25 p. 100; — Pau : 0,30 p. 100; — Amiens, Rouen, Seine : 0,50 p. 100 de 1 à 100.000 fr., 0,25 p. 100 au-dessus; — Montpellier : 0,50 p. 100 de 1 à 100.000 fr.; 0,25 p. 100 de 100.000 à 300.000 fr.; 0,125 p. 100 au-dessus.

Minimum : 5 fr.; sauf Bourges, Chambéry, Grenoble : 4 fr.; — Angers, Besançon, Nancy, Poitiers, Rouen : 6 fr.; — Bordeaux : 8 fr.

Déclaration préalable aux ventes de meubles.

4 francs.

Déclaration de succession.

A. S'il y a liquidation faite ou en cours : 0,05 p. 100; — sauf Rouen : 0,10 p. 100 de 1 à 100.000 fr.; 0,05 p. 100 au-dessus. — Sur les biens et valeurs énoncés dans la déclaration de succession (Etat de meubles compris).

B. En cas cohtraire : 0,10 p. 100; — sauf Douaï 0,15 p. 100. — Sur les biens et valeurs énoncés dans la déclaration de succession (Etat de meubles compris).

Minimum : 4 fr.; sauf Toulouse : 5 fr.; Angers : 6 fr.

Seine : A. S'il y a eu inventaire fait après le décès : Moitié des rôles de l'inventaire. Au cas où il n'y a pas eu d'inventaire : Moitié des rôles de la liquidation. — B. S'il n'y a ni inventaire ni liquidation : 0,125 p. 100 sur les biens et valeurs énoncés dans la déclaration.

Délégation de créance.

A. Parfaite (par acte séparé) : Honoraires comme en matière d'obligation. — Minimum : 5 fr.; sauf Besançon : 6 fr.

B. Imparfaite : 6 fr.; sauf Angers, Caen, Limoges, Poitiers : 4 fr.; — Nancy, Rennes : 5 fr.; — Seine : 9 fr.

C. Lorsque la délégation parfaite intervient dans un acte dont elle n'est pas l'objet principal : Moitié des honoraires perçus en matière d'obligation. — Seine : pas d'honoraires. — Minimum : 5 fr., sauf Besançon : 6 fr.; — Bastia, Caen : pas de minimum.

Délivrance de legs.

A. *Ayant pour objet une somme d'argent ou des valeurs mobilières.*

1° *Sur l'acte de délivrance :*

Avec décharge : 0,50 p. 100; sauf Seine : 0,25 p. 100; — Riom, 0,25 p. 100 de 1 à 50.000 fr.; 0,125 p. 100 au-dessus; — Amiens, Chambéry, Grenoble, Nancy, Nîmes, Orléans : 0,30 p. 100 de 1 à 50.000 fr.;

0,25 p. 100 au-dessus; — Aix, Rouen : 0,50 p. 100 de 1 à 100.000 fr.; 0,25 p. 100 au-dessus; — Pau : 0,60 p. 100.

Sans décharge ni quittance : 0,25 p. 100; sauf Amiens, Chambéry, Grenoble, Nancy, Nîmes, Orléans, Riom : 0,25 p. 100 de 1 à 50.000 fr.; 0,125 p. 100 au-dessus; — Aix, Rouen : 0,25 p. 100 de 1 à 100.000 fr.; 0,125 p. 100 au-dessus; — Pau : 0,30 p. 100.

3° *Sur la décharge ou quittance ultérieure :* 0,25 p. 100; sauf Amiens, Chambéry, Grenoble, Nancy, Nîmes, Orléans, Riom : 0,25 p. 100 de 1 à 50.000 fr.; 0,125 p. 100 au-dessus; — Aix, Rouen : 0,25 p. 100 de 1 à 100.000 fr.; 0,125 p. 100 au-dessus; — Pau : 0,30 p. 100.

B. *Ayant pour objet des immeubles ou des objets mobiliers, avec ou sans décharge :* 0,25 p. 100; sauf Amiens, Orléans, Riom : 0,25 p. 100 de 1 à 50.000 fr.; 0,125 p. 100 au-dessus; — Aix, Rouen : 0,25 p. 100 de 1 à 100.000 fr.; 0,125 p. 100 au-dessus; — Pau : 0,30 p. 100; — Nancy : 6 fr., droit fixe.

Minimum : 5 fr.; sauf Limoges : 4 fr. — Agen, Angers, Besançon, Bordeaux, Bourges, Nîmes, Paris, Rouen : 6 fr.

Délivrance de seconde grosse (Procès-verbal de).

8 fr.; sauf Amiens : 6 fr.; Seine : 9 fr., — non compris les rôles de copies.

Dépôt d'actes sous seing privé autres que les testaments olographes.

A. Si le dépôt est fait par toutes les parties avec reconnaissance de leurs écritures, l'honoraire perçu sera celui auquel aurait donné lieu l'acte authentique contenant la convention.

B. Dans le cas où le dépôt n'est pas fait par toutes les parties : moitié de l'honoraire précédent.

Dépôt d'extraits de contrat de mariage. (Art. 67-68. C. de com.)

6 fr. pour les quatre extraits, non compris le coût des extraits; sauf Poitiers : 4 fr.; Bordeaux : 5 fr.; Seine : pas d'honoraires pour les dépôts faits au lieu de la résidence.

Dépôt et insertion en matière de société. (Art. 55, 56, 59 de la loi du 24 juillet 1867.)

I. Dépôt : 5 fr. — sauf Poitiers : 4 fr. — par localité, non compris le coût de l'expédition.

II. Insertion : 6 fr. — sauf Poitiers : 4 fr. — pour la rédaction et l'envoi.

Seine : l'honoraire n'est dû que si les dépôts sont faits en dehors de la résidence du notaire.

Dépôt de pièces authentiques et autres
(Acte de).

Honoraires par rôles de minute, sauf Seine : 9 fr.

Dépôt au greffe de procès-verbal de diffi-
cultés ou autres actes.

Une vacation.

Dépôt de sommes et valeurs ou objets
à un particulier.

Honoraires par rôles de minute.

Désaveu de paternité.

10 fr., sauf : Agen, Aix, Amiens, Bourges, Nancy, Nîmes, Paris, Poitiers : 6 fr.; — Angers, Rennes : 8 fr.; — Seine : 9 fr.

Désistement d'appel, d'instance, d'hypo-
thèque ou de privilége, de plainte, de
réméré, etc.

4 fr. en brevet; 6 fr. en minute, sauf Toulouse : 4 fr. en brevet; 8 fr. en minute; — Seine : 4 fr. 50 en brevet et 9 fr. en minute.

Devis et marchés.

Honoraires comme en matière de vente ou de louage, suivant le cas.

Dispense de notification de contrat, de
signification de transport, de congé, etc.

4 fr. en brevet, 6 fr. en minute, sauf Seine : 4 fr. 50 en brevet et 9 fr. en minute.

Et, en plus 2 fr. par chaque partie, en sus de la première, ayant un intérêt distinct et intervenant dans l'acte.

Dispense de rapport par le donateur.
(Faite par acte séparé.)

12 fr., sauf Bastia : 5 fr., Seine : 9 fr.

Dissolution de société.

(Voir *Société*.)

Dissolution de société d'habitation
et de travail.

6 fr. sauf Aix, Nancy : 8 fr. — Seine : 9 fr. — Angers, Limoges, Rennes, Rouen, Toulouse : 12 fr.

Distribution de deniers par contribution.

Rouen : 0,50 p. 100.

Pau : 0,60 p. 100.

Riom : 0,75 p. 100 de 1 à 50.000 fr.; 0,50 p. 100 de 50.000 à 100.000 fr. ; 0,25 p. 100 au-dessus.

Poitiers : 0,75 p. 100 de 1 à 100.000 fr.; 0,50 p. 100 de 100.000 à 300.000 fr.; 0,25 p. 100 au-dessus.

Bastia : 1 p. 100 de 1 à 5.000 fr.; 0,50 p. 100 de 5.000 à 30.000 fr.; 0,25 p. 100 au-dessus.

Douai : 1 p. 100 de 1 à 15.000 fr.; 0,50 p. 100 de 15.000 à 100.000 fr.; 0,25 p. 100 au-dessus.

Bourges : 1 p. 100 de 1 à 50.000 fr.; 0,50 p. 100 au-dessus.

Besançon : 1 p. 100 de 1 à 50.000 fr.; 0,75 p. 100 de 50.000 à 100.000 fr.; 0,50 p. 100 de 100.000 à 200.000 fr. ; 0,25 p. 100 au-dessus.

Nîmes : 1 p. 100 de 1 à 50.000 fr.; 0,50 p. 100 de 50.000 à 100.000 fr. ; 0,25 p. 100 au-dessus.

Caen, Limoges, Orléans : 1 p. 100 de 1 à 50.000 fr.; 0,50 p. 100 de 50.000 à 300.000 fr.; 0,25 p. 100 au-dessus.

Angers : 1 p. 100 de 1 à 50.000 fr.; 0,50 p. 100 de 50.000 à 500.000 fr. 0,25 p. 100 au-dessus.

Dijon : 1 p. 100 de 1 à 100.000 fr.; 0,75 p. 100 de 100.000 à 200.000 fr.; 0,50 p. 100 de 200.000 à 300.000 fr.; 0,25 p. 100 au-dessus.

Agen, Aix, Amiens, Chambéry, Grenoble, Montpellier, Nancy, Rennes : 1 p. 100 de 1 à 100.000 fr.; 0,50 p. 100 de 100.000 à 300.000 fr.; 0,25 p. 100 au-dessus.

Bordeaux, Paris, Toulouse : 1 p. 100 de 1 à 200.000 fr.; 0,50 p. 100 de 200.000 à 500.000 fr.; 0,25 p. 100 au-dessus.

Lyon : 1 p. 100 de 1 à 300.000 fr.; 0,50 p. 100 de 300.000 à 1.000.000 de francs; 0,25 p. 100 au-dessus.

Sur l'actif brut.

Seine : 1 p. 100 sur le montant total des collocations.

Minimum : Agen, Douai : 6 fr. — Bastia, Limoges, Paris, Toulouse : 8 fr. — Amiens, Bordeaux, Chambéry, Grenoble, Lyon, Montpellier, Nîmes, Orléans, Rennes, Riom, Rouen : 10 fr. — Angers, Besançon, Caen, Dijon, Nancy, Pau, Poitiers : 12 fr. — Aix : 15 fr. — Bourges : 20 fr.

Donation entre vifs.

I. *Acceptée*. Sur la valeur des biens donnés :

En ligne directe. Bastia : 1 p. 100 de 1 à 10.000 fr. ; 0,75 p. 100 de 10.000 à 20.000 fr.; 0,50 p. 100 de 20.000 à 50.000 fr.; 0,25 p. 100 au-dessus.

Caen, Douai : 1 p. 100 de 1 à 50.000 fr.; 0,50 p. 100 de 50.000 à 200.000 fr.; 0,25 p. 100 au-dessus.

Chambéry, Grenoble, Orléans : 1 p. 100 de 1 à 50.000 fr.; 0,50 p. 100 de 50.000 à 300.000 fr.; 0,25 p. 100 au-dessus.

Angers : 1 p. 100 de 1 à 50.000 fr.; 0,50 p. 100 de 50.000 à 500.000 fr.; 0,25 p. 100 au-dessus.

Riom : 1 p. 100 de 1 à 50.000 fr.; 0,75

p. 100 de 50.000 à 100.000 fr.; 0,50 p. 100 de 100.000 à 300.000 fr.; 0,25 p. 100 au-dessus.

Nancy : 1 p. 100 de 1 à 50.000 fr.; 0,75 p. 100 de 50.000 à 100.000 fr.; 0,50 p. 100 de 100.000 à 500.000 fr.; 0,25 p. 100 au-dessus.

Besançon : 1 p. 100 de 1 à 100.000 fr.; 0,50 p. 100 de 100.000 à 200.000 fr.; 0,25 au-dessus.

Agen, Amiens, Dijon, Montpellier, Rennes : 1 p. 100 de 1 à 100.000 fr.; 0,50 p. 100 de 100.000 à 300.000 fr.; 0,25 p. 100 au-dessus.

Aix, Bourges, Limoges, Nimes, Pau, Poitiers, Rouen, Toulouse : 1 p. 100 de 1 à 100.000 fr.; 0,50 p. 100 de 100.000 à 500.000 fr.; 0,25 p. 100 au-dessus.

Bordeaux, Paris : 1 p. 100 de 1 à 200.000 fr.; 0,50 p. 100 de 200.000 à 500.000 fr.; 0, 25 p. 100 au-dessus.

Lyon : 1 p. 100 de 1 à 300.000 fr.; 0,50 p. 100 de 300.000 à 600.000 fr.; 0,25 p. 100 au-dessus.

Seine : 1 p. 100 de 1 à 500.000 fr.; 0,50 p. 100 de 500.000 à 1.000.000 de francs; 0,25 p. 100 de 1.000.000 à 3.000.000 de francs; 0,125 p. 100 au-dessus, sur la valeur nette des sommes ou biens donnés.

En ligne collatérale et entre étrangers :
Bastia : 1 p. 100 de 1 à 10.000 fr.; 0,75 p. 100 de 10.000 à 20.000 fr.; 0,50 p. 100 de 20.000 à 50.000 fr.; 0,25 p. 100 au-dessus.

Douai : 1 p. 100 de 1 à 50.000 fr.; 0,50 p. 100 de 50.000 à 200.000 fr.; 0,25 p. 100 au-dessus.

Caen, Orléans : 1 p. 100 de 1 à 100.000 fr.; 0,50 p. 100 au-dessus.

Agen, Amiens, Montpellier : 1 p. 100 de 1 à 100.000 fr.; 0,50 p. 100 de 100,000 à 300.000 fr.; 0,25 p. 100 au-dessus.

Angers, Pau, Rouen : 1 p. 100 de 1 à 100.000 fr.; 0,50 p. 100 de 100.000 à 500.000 fr.; 0,25 p. 100 au-dessus.

Bordeaux, Bourges, Paris : 1 p. 100 de 1 à 200.000 fr.; 0,50 p. 100 de 200.000 à 500.000 fr.; 0,25 p. 100 au-dessus.

Nancy : 1,25 p. 100 de 1 à 50.000 fr.; 1 p. 100 de 50.000 à 100.000 fr.; 0,50 p. 100 de 100,000 à 500.000 fr.; 0,25 p. 100 au-dessus.

Riom : 1,25 p. 100 de 1 à 50.000 fr.; 0,75 p. 100 de 50.000 à 100.000 fr.; 0,50 p. 100 au-dessus.

Dijon, Rennes : 1,25 p. 100 de 1 à 100.000 fr.; 0,50 p. 100 au-dessus.

Besançon : 1,25 p. 100 de 1 à 100.000 fr.; 0,70 p. 100 de 100.000 à 200.000 fr.; 0,50 p. 100 de 200.000 à 300.000 fr.; 0,25 p. 100 au-dessus.

Limoges : 1,25 p. 100 de 1 à 100.000 fr.; 1 p. 100 de 100.000 à 200.000 fr.; 0,50 p. 100 au-dessus.

Poitiers 1,25 p. 100 de 1 à 100.000 fr.; 1 p. 100 de 100.000 à 200.000 fr.; 0,75 p. 100 de 200.000 à 500.000 fr.; 0,50 p. 100 au-dessus.

Toulouse : 1,25 p. 100 de 1 à 200.000 fr.; 0,50 p. 100 de 200.000 à 500.000 fr.; 0,25 p. 100 au-dessus.

Lyon : 1,25 p. 100 de 1 à 300.000 fr.; 0,75 p. 100 de 300.000 à 600.000 fr.; 0,50 p. 100 au-dessus.

Chambéry, Grenoble, Nimes : 1,50 p. 100 de 1 à 50.000 fr.; 1 p. 100 de 50.000 à 100.000 fr.; 0,50 p. 100 au-dessus.

Aix : En ligne collatérale : 1,25 p. 100 de 1 à 50.000 fr.; 1 p. 100 de 50.000 à 100.000 fr.; 0,50 p. 100 au-dessus. — Entre étrangers : 1,50 p. 100 de 1 à 50.000 fr.; 1 p. 100 de 50.000 à 100.000 fr.; 0.50 p. 100 au-dessus.

Seine : Même honoraire que pour la donation en ligne directe.

II. *Non acceptée.* — Les trois quarts de l'honoraire de la donation acceptée.

III. *Acceptation de la donation.* — Le quart de l'honoraire de la donation acceptée.
Minimum : 10 fr. sauf Ain, Agen, Bourges : 12 fr.

Donation entre époux pendant le mariage.

I. *Honoraires de rédaction.*

En l'étude : 8 fr. ; sauf Angers, Caen, Dijon, Douai, Montpellier, Nimes : 6 fr.; — Seine : 9 fr.; — Bastia, Poitiers, Rouen : 10 fr.

Au domicile des parties : 12 fr. sauf : Douai : 8 fr.; — Seine : 9 fr.; — Angers, Caen, Montpellier, Nimes : 10 fr.; — Limoges, Rouen : 15 fr.

La nuit : 20 fr., sauf Douai, Nancy, Paris, Poitiers : 16 fr.

II. *Honoraires dus au décès.*

Comme en matière de testament, sauf Poitiers : 1 p. 100 de 1 à 100,000 fr.; 0,50 p. 100 de 100.000 à 500.000 fr.; 0,25 p. 100 au-dessus; — Seine : 0,25 p. 100 jusqu'à 3 millions de francs ; 0,125 p. 100 au-dessus, sur la valeur de l'actif recueilli.

Echange.

Honoraires comme en matière de vente, sur la valeur la plus forte des deux lots échangés (1). Minimum : 5 fr.

(1) Le tarif du département de la Seine porte : Honoraires comme en matière de vente immobilière ou mobilière, suivant le cas, sur la valeur la plus importante des immeubles ou meubles échangés.

Endossement.

0,25 p. 100, sauf Agen, Aix, Amiens, Bordeaux, Chambéry, Grenoble, Lyon, Rouen : 0,50 p. 100.

Minimum : 2 fr., sauf Bordeaux, Riom, Toulouse : 3 fr.; Caen : 4 fr.

Engagement des gens de mer.

0,25 p. 100, sauf : Caen, 0,20 p. 100; — Besançon : 0,30 p. 100. — Pau : 0,40 p. 100; — Lyon, 0,40 p. 100 de 1 à 100.000 fr.; 0,25, p. 100 au-dessus; — Bordeaux, Limoges, Montpellier : 0,50 p. 100; — Bourges, Chambéry, Grenoble : 0,50 p. 100, de 1 à 5,000 fr.; 0,25 p. 100 au-dessus; — Nimes, 0,50 p. 100 de 1 à 25,000 fr.; 0,25 p. 100 au-dessus.

Minimum : 6 fr. sauf : Caen, Nancy : 4 fr.; — Amiens, Bastia, Bourges, Dijon, Limoges, Montpellier, Orléans, Paris, Pau, Poitiers, Rennes : 5 fr.

Engagement théâtral.

Caen : 0,20 p. 100.

Agen, Angers, Bastia, Douai, Orléans, Paris, Poitiers, Rennes, Riom, Rouen, Seine, Toulouse : 0,25 p. 100. — Besançon, Dijon : 0,30 p. 100. — Pau : 0,40 p. 100; — Lyon : 0,40 p. 100 de 1 à 10.000 fr.; 0,25 p. 100 au-dessus.

Aix, Amiens, Bordeaux, Limoges, Montpellier, Toulouse : 0,50 p. 100.

Bourges, Chambéry, Grenoble : 0,50 p. 100 de 1 à 5.000 fr.; 0,25 p. 100 au-dessus.

Nimes : 0,50 p. 100 de 1 à 25,000 fr.; 0,25 p. 100 au-dessus.

Nancy : 0,50 p. 100 de 1 à 50.000 fr.; 0,25 p. 100 au-dessus.

Minimum : 6 fr. sauf Caen : 2 fr.; — Nancy : 4 fr. Bastia, Bourges, Dijon, Montpellier, Orléans, Paris, Pau, Poitiers, Rennes, Riom, Rouen, Toulouse : 5 fr.

Etablissement d'origine de propriété.
(Par acte séparé.)

Honoraires par rôles de minute.

Etat de dettes de meubles.

Honoraires par rôles de minute.

Etat de lieux (Procès-verbal d').

Honoraires par rôles de minute.

Experts (Nomination d').

Honoraires par rôles de minute.

Formalités hypothécaires.

Pour les réquisitions de transcription d'actes translatifs de propriété, y compris les réquisitions d'états d'inscriptions, de saisies et de transcriptions, et les certificats de non-transcription et de non-résolution ou rescision.

(En ce, non compris l'envoi des pièces.)

	Notaires résidant.	Notaires ne résidant pas au siège de la conservation des hypothèques
	—	—
Sur les actes représentant un capital de moins de 500 fr.	1 fr. 50	1 fr. 50
Sur les actes représentant un capital de moins de 1.000 fr.	2 fr. 50	2 fr. 50
Sur les actes représentant un capital de moins de 2.000 fr.	3 fr. 50	3 fr. 50
Sur les actes représentant un capital de moins de 5.000 fr.	6 »»	6 »»
Au-dessus de 5,000 fr.	8 »»	8 »»
Pour les réquisitions d'état d'inscriptions et de radiations.	2 »»	3 »»
Pour toutes les autres réquisitions.	1 »»	1 fr. 50
Pour port de chaque envoi de pièce.		1 »»

Seine : L'honoraire n'est dû que pour les notaires ne résidant pas au siège de la conservation des hypothèques.

Gage et nantissement.

Honoraires comme en matière d'affectation hypothécaire.

Indivision (Convention d').

Honoraires par rôles de minute.

Insertions.

Voir affiches et dépôt en matière de société.

Inventaire.

Honoraires par vocation.

Légalisation.

Juge de paix ou président du tribunal de première instance : 0,25 par pièce légalisée.

Ministère, ambassade ou consulat : 1 fr. par pièce légalisée.

Lettre de change.

0 fr. 50 p. 100, sauf Angers, Caen, Douai, Grenoble, Orléans, Poitiers, Riom, Seine : 0,25 p. 100.; — Amiens : 0,50 p. 100 de 1 à 100.000 fr.; 0,25 p. 100 — Agen : 0, 60 p. 100.

Minimum : 3 fr., sauf Aix, Angers, Dijon, Lyon, Paris, Montpellier : 2 fr.; — Rennes : 4 fr.

Licitation.

A. *De gré à gré :*

Si l'indivision cesse, honoraire comme en matière de partage sur l'ensemble des biens licités. Minimum : 15 fr., sauf Angers : 5 fr.; — Bordeaux, Riom : 8 fr.; — Douai, Nîmes : 10 fr.; — Montpellier, Orléans : 12 fr. Pas de minimum : Nancy, Pau, Poitiers, Riom.

Dans le cas contraire, honoraires comme en matière de vente sur la part acquise. Minimum : 5 fr.; sauf Riom : 8 fr.

B. *Par adjudication volontaire :*

Honoraires comme en matière de vente par adjudication volontaire. L'honoraire est perçu sur le prix total des immeubles licités.

C. *Judiciaire :*

1 p. 100 de 1 à 10.000 fr.; 0,50 p. 100 de 10.000 à 50.000 fr.; 0,25 p. 100 de 50.000 à 100.000 fr.; 0,125 p. 100 au-dessus, y compris le cahier des charges (Ordonnance 10 octobre 1841, art. 14). — Sauf les dégrèvements prévus par la loi du 23 octobre 1884 pour les licitations dont le prix est inférieur à 2.000 fr.

Liquidation de reprises.

Bastia : 1 p. 100 de 1 à 20.000 fr.; 0,50 p. 100 de 20.000 à 50.000 fr.; 0,25 p. 100 de 50.000 à 5 millions de francs; 0,125 p. 100 au-dessus.

Riom : 1 p. 100 de 1 à 50.000 fr.; 0,75 p. 100 de 50.000 à 100.000 fr.; 0,50 p. 100 de 100 000 à 300.000 fr.; 0,25 p. 100 de 300.000 à 5 millions de francs; 0,125 p. 100 au-dessus.

Nîmes : 1 p. 100 de 1 à 50.000 fr.; 0,60 p. 100 de 50.000 à 100.000 fr.; 0,30 p. 100 de 100.000 à 5 millions de francs; 0,125 p. 100 au-dessus.

Paris : 1 p. 100 de 1 à 100.000 fr.; 0,50 p. 100 de 100.000 à 200.000 fr.; 0,25 p. 100 de 200.000 à 5 millions de francs; 0,125 p. 100 au-dessus.

Caen, Montpellier, Nancy : 1 p. 100 de 1 à 100.000 fr.; 0,50 p. 100 de 100.000 à 300.000 fr.; 0,25 p. 100 de 300.000 à 5 millions de francs; 0,125 p. 100 au dessus.

Douai : 1 p. 100 de 1 à 100.000 fr.; 0,50 p. 100 de 100.000 à 400.000 fr.; 0,25 p. 100 de 400.000 à 5 millions de francs; 0,125 p. 100 au-dessus.

Aix, Angers, Limoges, Orléans, Poitiers, Rouen : 1 p. 100 de 1 à 100.000 fr.; 0,50 p. 100 de 100.000 à 500.000 fr.; 0,25 p. 100 de 500.000 à 5 millions de francs; 0,125 p. 100 au-dessus.

Amiens, Dijon : 1 p. 100 de 1 à 100.000 fr.; 0,75 p. 100 de 100.000 à 200.000 fr.; 0,50 p. 100 de 200.000 à 500.000 fr.; 0,25 p. 100 de 500.000 à 5 millions de francs; 0,125 p. 100 au-dessus.

Pau : 1 p. 100 de 1 à 150.000 fr.; 0,50 p. 100 de 150.000 à 500.000 fr.; 0,25 p. 100 de 500.000 à 5 millions de francs; 0,125 p. 100 au-dessus.

Agen, Besançon, Bourges, Chambéry, Grenoble, Rennes : 1 p. 100 de 1 à 200.000 fr.; 0,50 p. 100 de 200.000 à 500.000 fr.; 0,25 p. 100 de 500.000 à 5 millions de francs; 0,125 p. 100 au-dessus.

Toulouse : 1 p. 100 de 1 à 300.000 fr.; 0,50 p. 100 de 300.000 à 600.000 fr.; 0,25 p. 100 de 600.000 à 5 millions de francs; 0,125 p. 100 au-dessus.

Lyon : 1 p. 100 de 1 à 300.000 fr.; 0,75 p. 100 de 300.000 à 600.000 fr.; 0,50 p. 100 de 600.000 à 1 million de francs; 0,25 p. 100 de 1 million à 5 millions de francs; 0,125 p. 100 au-dessus.

Seine : 1 p. 100 de 1 à 300.000 fr.; 0,50 p. 100 de 300.000 à 600.000 fr.; 0,25 p. 100 de 600.000 à 1 million de francs; 0,125 p. 100 de 1 à 20 millions; 0,0625 p. 100 au-dessus.

Bordeaux : 1 p. 100 de 1 à 500.000 fr.; 0,75 p. 100 de 500.000 à 1 million de francs; 0,50 p. 100 de 1 à 2 millions de francs; 0,25 p. 100 de 2 à 5 millions de francs; 0,125 p. 100 au-dessus.

Sur les sommes payées ou garanties, augmentées de la moitié du surplus de la créance de la femme.

0,10 p. 100 sur les reprises en nature.

Minimum : 15 fr., sauf Bastia, Bordeaux, Montpellier, Nîmes, Orléans, Toulouse : 10 fr.; — Caen, Chambéry, Douai, Grenoble, Paris, Poitiers, Rennes, Riom, Rouen : 12 fr.

Lotissement.

Seine : Avec tirage au sort : Honoraires comme en matière de partage volontaire ou judiciaire suivant le cas.

Sans tirage au sort : Moitié des honoraires ci-dessus.

Louage d'ouvrage et d'industrie.

Voir *Bail.*

Mainlevée d'écrou ou de saisie.

4 fr. en brevet, 6 fr. en minute, sauf Seine : 4 fr. 50 en brevet, 9 fr. en minute.

Mainlevée d'inscription hypothécaire ou de privilège.

A. *Définitive ou partielle réduisant la créance :*

Besançon : 0,05 p. 100.

Angers, Bastia, Bordeaux, Bourges, Caen, Dijon, Douai, Lyon, Montpellier, Nancy, Orléans, Poitiers, Rennes, Riom, Rouen, Seine : 0,10 p. 100.

Paris, Pau : 0,15 p. 100.

Amiens : 0,20 p. 100.

Limoges : 0,20 p. 100 de 1 à 10.000 fr., 0,10 p. 100 au-dessus.

Nimes : 0,20 p. 100 de 1 à 25.000 fr.; 0,15 p. 100 de 25.000 à 100.000 fr.; 0,10 p. 100 au-dessus.

Aix, Chambéry, Grenoble, Toulouse : 0,25 p. 100.

Agen : 0,30 p. 100.

Minimum : 6 fr. ; sauf Besançon, Bordeaux, Caen, Orléans, Paris : 4 fr.; — Amiens, Angers, Bastia, Dijon, Nancy, Rennes, Riom : 5 fr.

B. *Réduisant le gage* :

6 fr.; sauf Besançon, Caen, Orléans, Poitiers : 4 fr.; — Amiens, Paris : 5 fr.; — Seine : 9 fr.

Lorsqu'il y a eu une ou plusieurs mainlevées partielles réduisant la créance, l'honoraire pour mainlevée définitive est perçu seulement sur la somme qui restait garantie.

Mention marginale.

2 fr.; sauf Seine : 3 fr.

Mines et carrières. (Cession ou exploitation.)

Honoraires comme en matière de vente.

Mitoyenneté.

Abandon : 6 fr. ; sauf Aix, Caen, Chambéry, Grenoble, Lyon, Orléans : 5 fr.; — Toulouse : 8 fr.; — Seine : 9 fr.

Cession : Honoraires comme en matière de vente.

Convention : Honoraires par rôles de minute.

Nantissement.

Honoraires comme en matière d'affectation hypothécaire.

Nomination de conseil à une mère tutrice ou de tuteur (art. 391-397, C. civ.)

6 fr.; sauf Agen, Bordeaux, Bourges, Montpellier, Pau, Toulouse : 8 fr.; — Seine : 9 fr.; — Chambéry, Grenoble, Limoges, Lyon, Paris, Riom, Rouen : 10 fr.; — Amiens : 12 fr.

Nomination d'exécuteur testamentaire.

6 fr.; sauf : Agen, Bordeaux, Bourges, Montpellier, Paris, Pau, Toulouse : 8 fr.; — Seine : 9 fr.; — Limoges, Lyon, Rennes, Rouen : 10 fr.; — Amiens : 12 fr.

Nomination de séquestre, gardien ou dépositaire.

6 fr.; sauf : Poitiers : 4 fr.; — Paris, Pau, Toulouse : 8 fr.; — Seine : 9 fr.

Notoriété (Acte de).

I. Simple : 4 fr. en brevet, 6 fr. en minute, sauf : Poitiers : 5 fr. en brevet, 8 fr. en minute; — Seine : 4 fr. 50 en brevet, 9 fr. en minute.

II. Complexe : 8 fr. en brevet, 12 fr. en minute; sauf : Poitiers : 5 fr. en brevet, 8 fr. en minute; — Nimes : 6 fr. en brevet, 12 fr. en minute; — Amiens, Angers, Toulouse : 8 fr. en brevet, 10 fr en minute; — Seine : 9 fr. en brevet, 12 fr. en minute.

Obligation.

Bastia : 1 p. 100 de 1 à 20.000 fr.; 0,50 p. 100 de 20.000 à 50.000 fr.; 0,25 p. 100 au-dessus.

Caen, Montpellier, Riom : 1 p. 100 de 1 à 100.000 fr.; 0,50 p. 100 de 100.000 à 300.000 fr.; 0,25 p. 100 au-dessus.

Nimes, Pau, Rouen : 1 p. 100 de 1 à 100.000 fr.; 0,50 p. 100 de 100.000 à 500.000 fr.; 0,25 p. 100 au-dessus.

Dijon : 1 p. 100 de 1 à 100.000 fr.; 0,75 p. 100 de 100.000 à 200.000 fr.; 0,50 p. 100 de 200.000 à 300.000 fr.; 0,25 p. 100 au-dessus.

Agen, Aix, Amiens, Chambéry, Douai, Grenoble, Orléans, Rennes : 1 p. 100 de 1 à 150.000 fr.; 0,50 p. 100 de 150.000 à 500.000 fr.; 0,25 p. 100 au-dessus.

Lyon : 1 p. 100 de 1 à 150.000 fr.; 0,75 p. 100 de 150.000 à 300.000 fr.; 0,50 p. 100 de 300.000 à 600.000 fr.; 0,25 p. 100 au-dessus.

Nancy : Avec garantie : 1 p. 100 de 1 à 150.000 fr.; 0,50 p. 100 de 150.000 à 500.000 fr.; 0,25 p. 100 au-dessus. — Sans garantie : trois quarts des honoraires ci-dessus.

Angers, Besançon, Bordeaux, Bourges, Limoges, Paris, Toulouse : 1 p. 100 de 1 à 200.000 fr.; 0,50 p. 100 de 200.000 à 500.000 fr.; 0,25 p. 100 au-dessus.

Poitiers : 1,25 p. 100 de 1 à 5.000 fr.; 1 p. 100 de 5.000 à 100.000 fr.; 0,50 p. 100 de 100.000 à 500.000 fr.; 0,25 p. 100 au-dessus.

Seine : 1 p. 100 de 1 à 500.000 fr.; 0,50 p. 100 de 500.000 à 2 millions de francs; 0,25 p. 100 au-dessus. — Lorsque les fonds sont remis hors la vue des notaires, moitié des honoraires ci-dessus.

Minimum : 5 fr.

Ordre amiable (avec ou sans quittance).

Honoraires comme en matière de distribution de deniers; sauf Pau : 1 p. 100 de 1 à 50.000 fr.; 0,50 p. 100 au-dessus.

Seine : 1 p. 100 de 1 à 800.000 fr.; 0,50 p. 100 de 800.000 à 2 millions; 0,25 p. 100 au-dessus, sur le montant total des collocations.

Partage volontaire ou judiciaire.

A. *Avec ou sans liquidation de communauté, de succession ou de société.*

Nîmes : 1 p. 100 de 1 à 50.000 fr.; 0,60 p. 100 de 50.000 à 100.000 fr.; 0,30 p. 100 de 100.000 à 5 millions de francs; 0,125 p. 100 au-dessus.

Riom : 1 p. 100 de 1 à 50.000 fr.; 0,75 p. 100 de 50.000 à 100.000 fr.; 0,50 p. 100 de 100.000 à 300.000 fr.; 0.25 p. 100 de 300.000 à 5 millions de francs; 0,125 p. 100 au-dessus.

Amiens, Dijon : 1 p. 100 de 1 à 100.000 fr.; 0,75 p. 100 de 100.000 à 200.000 fr.; 0,50 p. 100 de 200.000 à 500.000 fr.; 0,25 p. 100 de 500.000 à 5 millions de francs; 0,125 p. 100 au-dessus.

Caen, Montpellier, Nancy : 1 p. 100 de 1 à 100.000 fr.; 0,50 p. 100 de 100.000 à 300.000 fr.; 25 p. 100 de 300.000 à 5 millions de francs; 0,125 p. 100 au-dessus.

Douai : 1 p. 100 de 1 à 100.000 fr.; 0,50 p. 100 de 100.000 à 400.000 fr.; 0,25 p. 100 de 400.000 à 5 millions de francs; 0,125 p. 100 au-dessus.

Aix, Angers, Limoges, Orléans, Poitiers, Rouen : 1 p. 100 de 1 à 100.000 fr.; 0,50 p. 100 de 100.000 à 500.000 fr.; 0,25 p. 100 de 500.000 à 5 millions de francs; 0,125 p. 100 au-dessus.

Pau : 1 p. 100 de 1 à 150.000 fr.; 0,50 p. 100 de 150.000 à 500.000 fr.; 0.25 p. 100 de 500.000 à 5 millions de francs; 0,125 p. 100 au-dessus.

Agen, Bastia, Besançon, Bourges, Chambéry, Grenoble, Paris, Rennes : 1 p. 100 de 1 à 200.000 fr.; 0,50 p. 100 de 200.000 à 500.000 fr.; 0,25 p. 100 de 500.000 à 5 millions de francs; 0,125 p. 100 au-dessus.

Lyon : 1 p. 100 de 1 à 300.000 fr.; 0,75 p. 100 de 300.000 à 600.000 fr.; 0,50 p. 100 de 600.000 à 1 million de francs; 0,25 p. 100 de 1 million à 5 millions de francs; 0,125 p. 100 au-dessus.

Toulouse : 1 p. 100 de 1 à 300.000 fr.; 0,50 p. 100 de 300.000 à 600.000 fr.; 0,25 p. 100 de 600.000 à 5 millions de francs; 0,125 p. 100 au-dessus.

Bordeaux : 1 p. 100 de 1 à 500.000 fr.; 0,75 p. 100 de 500.000 à 1 million de francs; 0,50 p. 100 de 1 à 2 millions de francs; 0,25 p. 100 de 2 à 5 millions de francs; 0,125 p. 100 au-dessus.

Sur l'actif brut, rapports non compris, déduction faite des legs particuliers.

Minimum : 15 fr.; sauf Bordeaux : 10 fr.; Montpellier, Nîmes, Orléans : 12 fr. Poitiers : 20 fr.

Seine : *Volontaire,* 1 p. 100 de 1 à 500.000 fr.; 0,50 p. 100 de 500.000 à 1 million de francs; 0,25 p. 100 de 1 à 3 millions de francs; 0,125 p. 100 de 3 à 20 millions de francs; 0,0625 p. 100 au-dessus. — *Judiciaire,* 1 p. 100 de 1 à 300.000 fr.; 0,50 p. 100 de 300.000 à 600.000 fr.; 0,25 p. 100 de 600.000 à 1 million de francs; 0,125 p. 100 de 1 à 20 millions de francs; 0,0625 p. 100 au-dessus. — Les honoraires sont perçus sur l'actif attribué, déduction faite du montant des rapports dus par les héritiers en vertu d'actes authentiques et de tout le passif autre que les frais.

B. *Liquidation sans partage.*

Moitié des honoraires ci-dessus. Minimum : Bordeaux : 8 fr.; — Agen, Besançon, Dijon, Nîmes, Orléans : 10 fr.; — Aix, Bastia, Caen, Chambéry, Douai, Grenoble, Limoges, Nancy, Paris, Pau, Poitiers, Rennes, Riom, Rouen : 12 fr.; — Amiens, Lyon : 15 fr.

C. *Partage de biens indivis dans les cas autres que ceux prévus au paragraphe A ci-dessus.*

Agen, Chambéry, Grenoble : 0,75 p. 100 de 1 à 50.000 fr.; 0,50 p. 100 de 50.000 à 500.000 fr.: 0,25 p. 100 au-dessus.

Bourges : 0,75 p. 100 de 1 à 50.000 fr.; 0,375 p. 100 au-dessus.

Amiens, Besançon : 0,75 p. 100 de 1 à 100.000 fr.; 0,50 p. 100 de 100.000 à 200.000 fr.; 0,25 p. 100 au-dessus.

Dijon : 0,75 p. 100 de 1 à 100 000 fr.; 0,50 p. 100 de 100.000 à 200.000 fr.; 0,375 p. 100 au-dessus.

Caen, Nancy, Orléans : 0,75 p. 100 de 1 à 100.000 fr.; 0,50 p. 100 de 100.000 à 300.000 fr.; 0,25 p. 100 au-dessus.

Angers, Limoges, Montpellier : 0,75 p. 100 de 1 à 100.000 fr.; 0,375 p. 100 au-dessus.

Douai : 0,75 p. 100 de 1 à 100.000 fr.; 0,375 p. 100 de 100.000 à 400.000 fr.; 0,20 p. 100 au-dessus.

Aix : 0,75 p. 100 de 1 à 100.000 fr.; 0,50 p. 100 de 100.000 à 500.000 fr.; 0,25 p. 100 au-dessus.

Pau, Rennes : 0,75 p. 100 de 1 à 150.000 fr.; 0,375 p. 100 au-dessus.

Bordeaux : 0,75 p. 100 de 1 à 300.000 fr.; 0,50 p. 100 de 300.000 à 1 million de francs; 0,25 p. 100 au-dessus.

Nîmes : 0,80 p. 100 de 1 à 50.000 fr.; 0,50 p 100 de 50.000 à 100.000 fr.; 0,25 p. 100 au-dessus.

Poitiers : 1 p. 100 de 1 à 5.000 fr.; 0,75 p. 100 de 5.000 à 50.000 fr.; 0,50 p. 100 de 50.000 à 500.000 fr.; 0,25 p. 100 au-dessus.

Toulouse : 1 p. 100 de 1 à 20.000 fr.; 0,75 p. 100 de 20.000 à 100.000 fr.; 0,50 p. 100 au-dessus.

Bastia, Lyon, Paris, Riom, Rouen : les trois quarts des honoraires perçus en matière de partage A.

Seine : les trois quarts des honoraires perçus en matière de partage volontaire sur l'actif brut.

Minimum : 10 fr.; sauf Orléans : 8 fr.; — Douai, Paris : 12 fr.; — Angers, Besançon : 15 fr.

Partage anticipé ou d'ascendants
(art. 1075, C. civ.).

Bastia : 1 p. 100 de 1 à 10.000 fr.; 0,75 p. 100 de 10.000 à 20.000 fr.; 0,50 p. 100 de 20.000 à 50.000 fr.; 0,25 p. 100 au-dessus.

Angers, Caen : 1 p. 100 de 1 à 50.000 fr.; 0,50 p. 100 de 50.000 à 500.000 fr.; 0,25 p. 100 de 500.000 fr. à 5 millions de francs; 0,125 p. 100 au-dessus.

Nancy, Riom : 1 p. 100 de 1 à 50.000 fr.; 0,75 p. 100 de 50.000 à 100.000 fr.; 0,50 p. 100 de 100.000 à 300.000 fr.; 0,25 p. 100 de 300.000 à 5 millions de francs; 0,125 p. 100 au-dessus.

Douai : 1 p. 100 de 1 à 100.000 fr.; 0,50 p. 100 de 100.000 à 200.000 fr.; 0,25 p. 100 de 200.000 à 5 millions de francs; 0,125 p. 100 au-dessus.

Amiens, Dijon, Montpellier : 1 p. 100 de 1 à 100.000 fr.; 0,50 p. 100 de 100.000 à 300.000 fr.; 0,25 p. 100 de 300.000 à 5 millions de francs; 0,125 p. 100 au-dessus.

Aix, Besançon, Bourges, Chambéry, Grenoble, Limoges, Nîmes, Orléans, Poitiers, Rouen : 1 p. 100 de 1 à 100.000 fr.; 0,50 p. 100 de 100.000 à 500.000 fr.; 0,25 p. 100 de 500.000 à 5 millions de francs; 0,125 p. 100 au-dessus.

Pau : 1 p. 100 de 1 à 150.000 fr.; 0,50 p. 100 de 150.000 à 500.000 fr.; 0,25 p. 100

de 500.000 à 5 millions de francs; 0,125 p. 100 au-dessus.

Agen, Paris, Rennes, Toulouse : 1 p. 100 de 1 à 200.000 fr.; 0,50 p. 100 de 200.000 à 500.000 fr.; 0,25 p. 100 de 500.000 à 5 millions de francs; 0,125 p. 100 au-dessus.

Lyon : 1 p. 100 de 1 à 300.000 fr.; 0,50 p. 100 de 300.000 à 600.000 fr.; 0,25 p. 100 de 600.000 à 5 millions de francs; 0,125 p. 100 au-dessus.

Bordeaux : 1 p. 100 de 1 à 500.000 fr.; 0,75 p. 100 de 500.000 à 1 million de francs; 0,50 p. 100 de 1 à 2 millions de francs; 0,25 p. 100 de 2 à 5 millions de francs; 0.125 p. 100 au-dessus.

Seine : 1 p. 100 de 1 à 500.000 fr.; 0,50 p. 100 de 500.000 à 1 million de francs; 0,25 p. 100 de 1 à 3 millions de francs; 0,125 p. 100 de 3 à 20 millions; 0,0625 p. 100 au-dessus.

Minimum : 12 fr.; sauf Angers, Bordeaux, Dijon, Montpellier, Nancy, Poitiers, Rouen : 10 fr.; — Aix, Amiens, Besançon, Paris, Pau, Rennes : 15 fr.

Partage testamentaire.

A. Droit exigible au moment de la rédaction de l'acte : Honoraires par rôles de minute. — Minimum : 20 fr.; sauf Nîmes : 15 fr.

B. Au décès : Honoraires comme en matière de partage A.

Procés-verbal de dires et protestations, de difficultés.

Honoraires par rôles de minute.

Procuration.

Spéciale : 4 fr. en brevet, 6 fr. en minute; sauf Seine : 4 fr. 50 en brevet, 9 fr. en minute.

Générale ou prévue par l'article 2 de la loi du 21 juin 1843 : 6 fr. en brevet, 8 fr. en minute; sauf Seine : 4 fr. 50 en brevet, 9 fr. en minute; — Poitiers : 8 fr. en brevet, 12 fr. en minute.

Promesse d'égalité.
(Voir *Contrat de mariage.*)

Promesse de vente.

0.25 p. 100, avec imputation sur l'honoraire de vente si elle se réalise dans la même étude.

Minimum : 5 fr.; sauf Bourges : 4 fr., — Bastia, Douai, Limoges, Nancy : 6 fr.; — Caen : 8 fr.; — Montpellier, Pau, Riom : pas de minimum.

Seine : Un quart de l'honoraire perçu en

matière de vente, avec imputation sur l'honoraire de vente, si elle se réalise dans la même étude.

Prorogation de délai.

Bordeaux : 0,25 p. 100.

Bastia, 0,50 p. 100 de 1 à 5.000 fr.; 0,25 p. 100 de 5.000 à 10.000 fr. ; 0,125 p. 100 au-dessus.

Nancy, Nîmes, Poitiers, Rennes : 0,50 p. 100 de 1 à 20.000 fr.; 0,25p. 100 au-dessus.

Angers, Bourges, Orléans : 0,50 p. 100 de 1 à 50.000 fr.; 0,25 p. 100 au-dessus.

Caen : 0,50 p. 100 de 1 à 50.000 fr.; 0,30 p. 100 au-dessus.

Riom : 0,50 p. 100 de 1 à 50.000 fr.; 0,25 p. 100 de 50.000 à 100.000 fr.; 0,125 p. 100 au-dessus.

Aix, Amiens, Douai, Limoges, Montpellier, Pau, Rouen : 0,50 p. 100 de 1 à 100.000 fr. ; 0,25 p. 100 au-dessus.

Besançon : 0,50 p. 100 de 1 à 100.000 fr.; 0,25 p. 100 de 100.000 à 200.000 fr. ; 0,125 p. 100 au-dessus.

Dijon : 0,50 p. 100 de 1 à 100.000 fr.; 0,375 p. 100 de 100.000 à 200.000 fr.; 0,25 p. 100 au-dessus.

Agen, Chambéry, Grenoble : 0,50 p. 100 de 1 à 150.000 fr.; 0,25 p. 100 de 150.000 à 500.000 fr.; 0,125 p. 100 au-dessus.

Toulouse : 0,50 p. 100 de 1 à 200.000 fr.; 0,25 p. 100 au-dessus.

Paris : 0,50 p. 100 de 1 à 200.000 fr.; 0,25 p. 100 de 200.000 à 500.000 fr.; 0,125 p. 100 au-dessus.

Lyon : 0,50 p. 100 de 1 à 300.000 fr.; 0,375 p. 100 de 300.000 à 500.000 fr.; 0,25 p. 100 au-dessus.

Seine : 0,50 p. 100 de 1 à 500.000 fr., 0,25 p. 100 de 500.000 à 1 million de francs; 0,125 p. 100 au-dessus.

Minimum : 5 fr., sauf : Bordeaux, Bourges, Caen, Poitiers : 4 fr.; Agen, Aix, Besançon, Douai, Limoges : 6 fr.

Prorogation de bail.

Honoraires comme en matière de bail sur les années restant à courir.

Prorogation de société.

(Voir *Société*.)

Protêt.

(Décret du 23 mars 1848.)

Purge légale.

Honoraires par vacation.

Quittance.

A. *Pure et simple ou dans les cas prévus par les articles 1250 § 2 et 1251 du Code civil.*

Bastia, Rennes : 0,50 p. 100 de 1 à 20.000 fr.; 0,25 p. 100 au-dessus.

Bourges, Chambéry, Grenoble, Nancy, Orléans, Riom : 0,50 p. 100 de 1 à 50.000 fr.; 0,25 p. 100 au-dessus.

Caen : 0,50 p. 100 de 1 à 50.000 fr.; 0,30 p. 100 au dessus.

Aix, Amiens, Angers, Dijon, Douai, Limoges, Montpellier, Poitiers, Rouen : 0,50 p. 100 de 1 à 100.000 fr.; 0,25 p. 100 au-dessus.

Besançon : 0,50 p. 100 de 1 à 100.000 fr.; 0,25 p. 100 de 100.000 à 200.000 fr.; 0,125 p. 100 au-dessus.

Bordeaux, Toulouse : 0,50 p. 100 de 1 à 200.000 fr.; 0,25 p. 100 au-dessus.

Paris : 0,50 p. 100 de 1 à 200.000 fr.; 0,25 p. 100 de 200.000 à 500.000 fr.; 0,125 p. 100 au-dessus.

Lyon : 0,50 p. 100 de 1 à 300.000 fr.; 0,375 p. 100 de 300.000 à 500.000 fr.; 0,25 p. 100 au-dessus.

Pau : 0,60 p. 100 de 1 à 50.000 fr.; 0,30 p. 100 au-dessus.

Agen : 0,60 p. 100 de 1 à 100.000 fr.; 0,30 p. 100 au-dessus.

Nîmes : 0,75 p. 100 de 1 à 3.000 fr.; 0,50 p. 100 de 3.000 à 50.000 fr.; 0,25 p. 100 au-dessus.

Seine : Pure et simple ou dans les cas prévus par l'article 1251 du Code civil : 0,50 p. 100 de 1 à 800.000 fr.; 0,25 p. 100 de 800.000 à 1.500.000 fr.; 0,125 p. 100 au-dessus. — Moitié des honoraires ci-dessus, si elle est la conséquence d'un acte reçu par le même notaire ou un autre notaire du département de la Seine. — Dans les cas prévus par l'article 1250, § 2, du Code civil : 0,25 p. 100 de 1 à 800.000 fr.; 0,125 p. 100 de 800.000 à 1.500.000 fr.; 0,0625 p. 100 au-dessus.

Minimum : 5 fr., sauf Besançon, Bordeaux, Bourges, Caen, Nancy, Poitiers : 4 fr.; — Aix, Chambéry, Douai, Grenoble, Lyon : 6 fr.

B. *D'ordre judiciaire.*

Seine : 0,50 p. 100.

Rouen : 0,50 p. 100 de 1 à 100.000 fr.; 0,25 p. 100 au-dessus.

Bastia : 0,75 p. 100 de 1 à 5.000 fr.; 0,50 p. 100 de 5.000 à 30.000 fr.; 0,25 p. 100 au-dessus.

Nîmes : 0,75 p. 100 de 1 à 30.000 fr.; 0,50 p. 100 de 30.000 à 50.000 fr.; 0,25 p. 100 au-dessus.

Aix, Angers, Bourges, Caen, Chambéry, Grenoble, Limoges, Pau : 0,75 p. 100 de 1 à 50.000 fr.; 0,50 p. 100 au-dessus.

Orléans, Rennes, Riom : 0,75 p. 100 de 1 à 50.000 fr.; 0,375 p. 100 au-dessus.

Nancy : 0,75 p. 100 de 1 à 50.000 fr.; 0,50 p. 100 de 50.000 à 150.000 fr.; 0,25 p. 100 au-dessus.

Amiens, Poitiers : 0,75 p. 100 de 1 à 100.000 fr.; 0,50 p. 100 au-dessus.

Dijon, Douai, Montpellier : 0,75 p. 100 de 1 à 100.000 fr.; 0,375 p. 100 au-dessus.

Besançon : 0.75 p. 100 de 1 à 100.000 fr.; 0,375 p. 100 de 100.000 à 200.000 fr,; 0,15 p. 100 au-dessus.

Paris : 0,75 p. 100 de 1 à 100.000 fr.; 0,50 p. 100 de 100.000 à 200.000 fr.; 0,375 p. 100 au-dessus.

Bordeaux, Toulouse : 0,75 p. 100 de 1 à 200.000 fr,; 0,50 p. 100 au-dessus.

Lyon : 0,75 p. 100 de 1 à 300.000 fr.; 0.50 p. 100 de 300.000 à 500.000 fr.; 0,25 p. 100 au-dessus.

Agen : 1 p. 100 de 1 à 10.000 fr.; 0,75 p. 100 au-dessus.

Minimum : 6 fr., sauf Angers, Nîmes, Poitiers, Rouen : 5 fr.; Nancy, Rennes, Toulouse : 8 fr.

C. *Subrogative* (art. 1250, 51 du Code civil) :

Honoraires comme en matière d'obligation. *Minimum* : 5 fr.

D. *De congément* :

Rennes : Honoraires comme en matière de vente.

Rachat par réméré.

Honoraires comme en matière de quittance pure et simple.

Rapport pour minute.

6 fr., sauf Bastia, Orléans, Poitiers : 4 fr.; Seine : 9 fr.

Ratification.

4 fr. en brevet, 6 fr. en minute, sauf Seine : 4 fr. 50 en brevet, 9 fr. en minute.

Et, en plus, 2 fr. par chaque partie, en sus de la première, ayant un intérêt distinct et intervenant dans l'acte.

Réalisation de crédit.

6 fr., sauf Limoges, Poitiers : 4 fr.; Toulouse : 8 fr.; Seine : moitié des honoraires perçus en matière d'obligation.

Récépissé de compte de tutelle.

(Voir *Compte de tutelle.*)

Recherche (Droit de).

Si l'année est indiquée : 0.50. Au cas contraire : 1 fr. Si la recherche a pour objet la délivrance d'une expédition ou la réception d'un acte, l'honoraire n'est pas dû.

Récolement.

Honoraires par vacations.

Reconnaissance de dot, de reprises, de droits paraphernaux.

Honoraires, comme en matière d'apports en mariage.

Reconnaissance d'enfant naturel.

10 fr., sauf Aix, Bastia : 15 fr.; — Seine : 18 fr.

Reconnaissance d'hypothèque.

6 fr., sauf Agen, Bourges : 4 fr.; Bastia, Caen, Orléans, Toulouse : 5 fr.; Seine : 9 fr.

Reconnaissance de dette.

Honoraires comme en matière d'obligation. Minimum : 5 fr.

Réduction d'hypothèque.

(Voir *Mainlevée.*)

Référé.

Honoraires par vacations.

Règlement d'indemnité en cas d'expropriation pour cause de déclaration d'utilité publique.

A. Avant le jugement d'expropriation : Honoraires comme en matière de vente.

B. Après le jugement : Honoraires comme en matière de quittance pure et simple.

Réméré (Vente à).

Honoraires comme en matière de vente.

Remise de dettes.

Honoraires comme en matière de quittance pure et simple.

Renonciation (par acte séparé).

4 fr. en brevet ; 6 fr. en minute, sauf Seine : 4 fr. 50 en brevet, 9 fr. en minute.

Renonciation à hypothèque légale.

A. A la suite d'un acte authentique ou de dépôt, avec reconnaissance d'écriture, d'un acte de vente sous signature privée : 6 fr., sauf Poitiers : 4 fr.; Toulouse : 8 fr.; Seine : 9 fr.

B. Dans les autres cas : Moitié de l'honoraire qui aurait été perçu sur l'acte de vente.

Représentation.

— de présumé absent (art. 113 du Code civil) : Honoraires par vacation.

— de non présent (art. 942 du Code de proc. civil) : Honoraires par vacations.

— d'aliéné non interdit (art. 36, loi du 30 juin 1838) : Honoraires par vacations.

Reprise de la vie commune (art. 311, C. civ.).
10 fr.; sauf Agen, Douai : 6 fr.; Caen, Chambéry, Dijon, Grenoble, Limoges, Nimes, Orléans, Pau, Rouen : 8 fr.; Poitiers, Toulouse : 12 fr.; Amiens : 15 fr.; Seine : 18 fr.; Aix : 20 fr.

Résiliation.

A. De vente dans les vingt-quatre heures : 6 fr.; sauf Angers, Nancy : 5 fr.; Seine : 9 fr. — Après ce délai : Moitié de l'honoraire de l'acte résilié.

B. De bail : Moitié de l'honoraire de bail, sur les années restant à courir.

Résiliation du contrat de mariage.

(Voir *Contrat de mariage.*)

Rétablissement de communauté (Acte de).
(Art. 1451, C. civ.)

1/5 des honoraires du contrat de mariage; sauf Amiens, Besançon : 15 fr.; Nancy : 16 fr ; Nimes : 20 fr.; Seine : 36 fr.

Retrait de droits litigieux, d'indivision successorale.

Honoraires comme en matière de quittance pure et simple.

Révocation de conseil à la mère tutrice.

6 fr.; sauf Agen : 5 fr.; Orléans, Rouen, Toulouse : 8 fr.; Seine : 9 fr.; Chambéry, Grenoble : 10 fr.; Nimes : 4 fr. en brevet, 8 fr. en minute.

Révocation de donation entre époux.

Agen, Angers, Bastia, Caen, Douai, Montpellier, Nancy, Nimes, Pau, Poitiers, Riom : 6 fr.

Aix, Amiens, Besançon, Bordeaux, Bourges, Dijon, Lyon, Orléans, Paris, Rennes, Rouen, Toulouse : 8 fr.

Seine : 9 fr.

Chambéry, Grenoble, Limoges : 10 fr.

Révocation de mandat ou de substitution.

4 fr. en brevet, 6 fr. en minute; sauf Seine : 4 fr. 50 en brevet, 9 fr. en minute.

Révocation de testament.

8 fr.; sauf Angers, Bastia, Caen, Douai, Nancy, Pau, Poitiers, Riom : 6 fr.; — Seine : 9 fr.; — Chambéry, Grenoble, Limoges : 10 fr.

Société (Acte de).

I. ANONYME, EN COMMANDITE, PAR ACTIONS.

Limoges : 0,25 p. 100 de 1 à 500.000 fr.; 0,125 p. 100 au-dessus.

Pau : 0,30 p. 100 de 1 à 500.000 fr.; 0,125 p. 100 au-dessus.

Orléans : 0,50 p. 100 de 1 à 20.000 fr.; 0,25 p. 100 de 20.000 à 500.000 fr. ; 0,125 p. 100 au-dessus.

Angers, Bastia, Poitiers : 0,50 p. 100 de 1 à 50.000 fr.; 0,25 p. 100 de 50.000 à 500.000 fr.; 0,125 p. 100 au-dessus.

Rouen : 0,50 p. 100 de 1 à 50.000 fr.; 0,25 p. 100 de 50.000 à 1 million de francs; 0,125 p. 100 au-dessus.

Agen, Chambéry, Grenoble, Paris : 0,50 p. 100 de 1 à 200.000 fr. ; 0,25 p. 100 de 200.000 à 500.000 fr. ; 0,125 p. 100 au-dessus.

Bordeaux, Toulouse : 0,50 p. 100 de 1 à 300.000 fr.; 0,25 p. 100 de 300.000 à 1 million de francs; 0,125 au-dessus.

Nimes : 1 p. 100 de 1 à 5.000 fr.; 0,50 p. 100 de 5.000 à 50.000 fr.; 0,25 p. 100 de 50.000 à 500.000 fr.; 0,125 p. 100 au-dessus.

Caen : 1 p. 100 de 1 à 10.000 fr. ; 0,50 p. 100 de 10.000 à 30.000 fr. ; 0,25 p. 100 de 30.000 à 500.000 fr. ; 0,125 p. 100 au-dessus.

Douai : 1 p. 100 de 1 à 10.000 fr.; 0,50 p. 100 de 10.000 à 50.000 fr.; 0,25 p. 100 de 50.000 à 200.000 fr.; 0,125 p. 100 au-dessus.

Besançon, Bourges : 1 p. 100 de 1 à 10.000 fr. ; 0,50 p. 100 de 10.000 à 50.000 fr.; 0,25 p. 100 de 50.000 à 500.000 fr.; 0,125 p. 100 au-dessus.

Riom : 1 p. 100 de 1 à 10.000 fr. ; 0,75 p. 100 de 10.000 à 50.000 fr. ; 0,50 p. 100 de 50.000 à 100.000 fr. ; 0,25 p. 100 de 100.000 à 500.000 fr.; 0,125 p. 100 au-dessus.

Nancy : 1 p. 100 de 1 à 20.000 fr.; 0,50 p. 100 de 20.000 à 100.000 fr. ; 0,25 p. 100 de 100.000 à 300.000 fr. ; 0,125 p. 100 au-dessus.

Aix, Montpellier : 1 p. 100 de 1 à 30.000 fr.; 0,50 p. 100 de 30.000 à 100.000 fr. ; 0,25 p. 100 de 100.000 à 500.000 fr.; 0,125 p. 100 au-dessus.

Dijon : 1 p. 100 de 1 à 50.000 fr.; 0,50 p. 100 de 50.000 à 200.000 fr.; 0,25 p. 100 de 200.000 à 500.000 fr.; 0,125 p. 100 au-dessus.

Lyon : 1 p. 100 de 1 à 50.000 fr.; 0,50 p. 100 de 50.000 à 200.000 fr.; 0,25 p. 100

de 200.000 à 1 million de francs; 0,10 p. 100 au-dessus.

Amiens (1) : 1 p. 100 de 1 à 50.000 fr.; 0,50 p. 100 de 50.000 à 300.000 fr.; 0,25 p. 100 de 300.000 à 500.000 fr.; 0,125 p. 100 au-dessus.

Rennes : 1 p. 100 de 1 à 100.000 fr.; 0,50 p. 100 de 100.000 à 200.000 fr.; 0,25 p. 100 de 200.000 à 500.000 fr.; 0,125 p. 100 au-dessus.

Seine : 0,50 p. 100 de 1 à 500.000 fr.; 0,25 p. 200 de 500.000 à 1 million de francs; 0,125 p. 100 de 1 à 3 millions de francs; 0,0625 p. 100 au-dessus.

Minimum (2) : Amiens : 10 fr.; — Agen : 15 fr.; — Bastia, Besançon, Bordeaux, Caen, Chambéry, Dijon, Douai, Grenoble, Limoges, Lyon, Montpellier, Nimes, Orléans, Paris, Pau, Poitiers, Rennes, Riom, Rouen, Toulouse : 20 fr.

II. Déclaration de souscription du capital social.

A. Si l'acte de société a été reçu dans l'étude : 20 fr.; sauf Agen : 5 fr.; — Aix : 6 fr.; — Bastia : 15 fr.

B. Dans le cas contraire : Moitié de l'honoraire qui aurait été perçu sur l'acte de société, sauf Agen, Aix, Angers, Nancy, Paris, Poitiers, Seine : honoraire entier qui aurait été perçu sur l'acte de société.

III. Autres sociétés (*notamment société en nom collectif, société en commandite simple, société civile, etc.*).

Même honoraire que pour les actes de société anonyme, sauf :

Amiens : société en nom collectif, 0,50 p. 100 de 1 à 100.000 fr.; 0,25 p. 100 de 100.000 à 500.000 fr.; 0,125 p. 100 au-dessus.

Bourges : 1 p. 100 de 1 à 10.000 fr.; 0,50 p. 100 de 10.000 à 50.000 fr.; 0,25 p. 100 au-dessus.

Nancy : 0,50 p. 100 de 1 à 50.000 fr.; 0,25 p. 100 de 50.000 à 300.000 fr.; 0,125 p. 100 au-dessus.

Nimes : 1 p. 100 de 1 à 5.000 fr.; 0,50 p. 100 de 5.000 à 50.000 fr.; 0,25 p. 100 au-dessus.

Orléans : même tarif que pour les sociétés anonymes, sauf minimum : 15 fr.

Rouen : 0,50 p. 100 de 1 à 50.000 fr.; 0,10 p. 100 de 50.000 à 1 million de francs; 0,05 p. 100 au-dessus. Minimum : 12 fr.

(1) Même tarif pour les sociétés en capital variable et en participation.

(2) Le minimum n'est pas indiqué dans les Cours qui ne sont pas rapportées.

Seine : 0,50 p. 100 de 1 à 100.000 fr.; 0,25 p. 100 de 100.000 fr. à 1 million de francs; 0,125 p. 100 de 1 à 3 millions de francs; 0,0625 p. 100 au-dessus.

IV. Prorogation de société.

Moitié des honoraires ci-dessus et honoraire entier sur les nouveaux apports s'il y en a, sauf Bordeaux : 0,15 p. 100 et honoraire entier sur les nouveaux apports, s'il y en a; — Limoges : 0,25 p. 100 de 1 à 50.000 fr.; 0,125 p. 100 au-dessus; sur les nouveaux apports, s'il y en a, honoraires comme pour acte de société.

Seine : Moitié des honoraires perçus sur l'acte de société.

V. Dissolution de société.

12 fr.; sauf Amiens : 6 fr.; — Aix, Nancy : 8 fr.; — Seine : 9 fr.; — Bastia, Montpellier, Nimes, Pau, Toulouse : 10 fr.; — Paris : 15 fr.; — Rennes : 18 fr.; — Chambéry, Grenoble : 20 fr.

Sous réserve du cas où il y a lieu à honoraire proportionnel à raison des conventions que renferme l'acte.

Société de ménage.

(Voir *Contrat de mariage.*)

Sous-bail.

Honoraires comme en matière de bail.

Substitution de pouvoirs.

4 fr. en brevet, 6 fr. en minute; sauf Seine : 4 fr. 50 en brevet, 9 fr. en minute.

Testament mystique.

A. *Acte de suscription* : 20 fr.; sauf Seine : 36 fr.

B. *Présentation au président et retrait* : 8 fr.; sauf Seine : 18 fr.

C. *Sur les dispositions du testament au décès* : Honoraires comme en matière de testament authentique.

Testament olographe.

Présentation au président du tribunal et retrait (art. 1007 du C. civ.) : 8 fr.; sauf Besançon : 6 fr.; — Seine : 18 fr.

Acte de dépôt s'il y a lieu : 6 fr.; sauf Poitiers : 4 fr.; — Seine : Pas d'honoraires.

Sur les dispositions du testament : Moitié des honoraires perçus en matière de testament authentique.

Testament public ou authentique.

A. *Droit fixe exigible lors de la rédaction de l'acte.*

A l'étude :

Montpellier : 6 fr.

Agen, Caen, Nimes, Pau : 8 fr.

Aix, Bastia, Besançon, Dijon, Limoges, Lyon, Rennes, Rouen : 10 fr.

Amiens, Angers, Bordeaux, Bourges, Chambéry, Douai, Grenoble, Nancy, Orléans, Paris, Poitiers, Riom, Toulouse : 12 fr.

Seine : 36 fr.

Hors l'étude :

Montpellier, Nimes : 10 fr.

Agen, Pau : 12 fr.

Aix, Bastia, Besançon, Caen, Dijon, Limoges, Lyon, Nancy, Paris, Poitiers, Rennes, Rouen, Toulouse : 15 fr.

Amiens, Angers, Bordeaux, Bourges, Chambéry, Douai, Grenoble, Orléans, Riom : 18 fr.

Seine : 36 fr.

La nuit :

Agen, Amiens, Caen, Limoges, Montpellier, Nimes, Pau, Rouen : 20 fr.

Aix, Bastia, Besançon, Dijon, Lyon, Nancy, Paris, Poitiers, Rennes, Toulouse : 25 fr.

Angers, Bordeaux, Bourges, Chambéry, Douai, Grenoble, Orléans, Riom : 30 fr.

Seine : 36 fr.

B. *Droit dû au décès du testateur sur les dispositions contenues dans le testament* (art. 17 des dispositions générales).

En ligne directe et entre époux (1) :

Bastia : 1 p. 100 de 1 à 10.000 fr. ; 0,75 p. 100 de 10.000 à 20.000 fr. ; 0.50 p. 100 de 20.000 à 50.000 fr. : 0,25 p. 100 au-dessus.

Angers, Orléans : 1 p. 100 de 1 à 50.000 fr.; 0,50 p. 100 de 50.000 à 500.000 fr. ; 0,25 p. 100 au-dessus.

Douai : 1 p. 100 de 1 à 50.000 fr. ; 0,50 p. 100 de 50.000 à 100.000 fr. ; 0,25 p. 100 au-dessus.

Riom : 1 p. 100 de 1 à 50.000 fr. ; 0,75 p. 100 de 50.000 à 100.000 fr. ; 0,50 p. 100 de 100.000 à 300.000 fr. ; 0,25 p. 100 au-dessus.

Caen : 1 p. 100 de 1 à 50.000 fr. ; 0,50 p. 100 de 50.000 à 200.000 fr. ; 0,25 p. 100 au-dessus.

Amiens, Besançon, Dijon, Montpellier : 1 p. 100 de 1 à 100.000 fr. ; 0,50 p. 100 de 100.000 à 300.000 fr. ; 0,25 p. 100 au-dessus.

Aix, Bourges, Chambéry, Grenoble, Limoges, Nimes, Pau, Poitiers, Rouen : 1 p. 100 de 1 à 100.000 fr. ; 0,50 p. 100 de 100.000 à 500.000 fr. ; 0,25 p. 100 au-dessus.

Agen, Bordeaux, Nancy, Paris, Rennes,

Toulouse : 1 p. 100 de 1 à 200.000 fr. ; 0,50 p. 100 de 200.000 à 500.000 fr. ; 0,25 p. 100 au-dessus.

Lyon : 1 p. 100 de 1 à 300.000 fr. ; 0,50 p. 100 de 300.000 à 600.000 fr. ; 0,25 p. 100 au-dessus.

Seine : 0,50 p. 100 jusqu'à 1 million de francs ; 0,25 p. 100 de 1 à 3 millions ; 0,125 p. 100 au-dessus.

En ligne collatérale et entre étrangers :

Bastia : 1 p. 100 de 1 à 10.000 fr. ; 0,75 p. 100 de 10.000 à 20.000 fr. ; 0,50 p. 100 de 20.000 à 50.000 fr. ; 0,25 p. 100 au-dessus.

Caen, Orléans : 1 p. 100 de 1 à 100.000 fr. 0,50 p. 100 au-dessus.

Douai : 1 p. 100 de 1 à 100.000 fr. ; 0,50 p. 100 de 100.000 à 200.000 fr. ; 0,25 p. 100 au-dessus.

Amiens, Montpellier : 1 p. 100 de 1 à 100.000 fr. ; 0,50 p. 100 de 100.000 à 300.000 fr. ; 0.25 p. 100 au-dessus.

Pau, Rouen : 1 p. 100 de 1 à 100.000 fr. ; 0,50 p. 100 de 100.000 à 500.000 fr. ; 0,25 p. 100 au-dessus.

Agen, Angers, Bordeaux, Paris : 1 p. 100 de 1 à 200.000 fr. ; 0,50 p. 100 de 200.000 à 500.000 fr. ; 0,25 p. 100 au-dessus.

Toulouse : 1,25 p. 100 de 1 à 50.000 fr. ; 1 p. 100 de 50.000 à 200.000 fr. ; 0.50 p. 100 au-dessus.

Rennes : 1,25 p. 100 de 1 à 100,000 fr. ; 0,75 p. 100 de 100,000 à 200,000 fr. ; 0,50 p. 100 au-dessus.

Limoges : 1,25 p. 100 de 1 à 100.000 fr. ; 1 p. 100 de 100.000 à 200.000 fr. ; 0,50 p. 100 au-dessus.

Poitiers : 1,25 p. 100 de 1 à 100.000 fr. ; 1 p. 100 de 100.000 à 200.000 fr. ; 0,75 p. 100 de 200.000 à 500.000 fr. ; 0,50 p. 100 au-dessus.

Nancy : 1,25 p. 100 de 1 à 200.000 fr. ; 0,50 ; p. 100 de 200.000 à 500.000 fr. ; 0,25 p. 100 au-dessus.

Besançon : 1,25 p. 100 de 1 à 100.000 fr. ; 0,75 p. 100 de 100.000 à 300.000 fr. ; 0,25 p. 100 au-dessus.

Nimes : 1,50 p. 100 de 1 à 50.000 fr. ; 1 p. 100 de 50.000 à 100.000 fr. ; 0,50 p. 100 au-dessus.

Chambéry, Grenoble : 1,50 p. 100 de 1 à 100.000 fr. ; 1 p. 100 de 100.000 à 200.000 fr. ; 0,50 p. 100 au-dessus.

Seine : mêmes honoraires qu'en ligne directe.

Aix (1) : En ligne collatérale, 1,25 p. 100

---

(1) Le tarif est le même, sans distinction de lignes, pour les Cours d'Agen, Amiens, Bastia, Bordeaux, Montpellier, Paris, Pau, Rouen et le département de la Seine.

(1) Cette cour et les suivantes ont un tarif distinct pour la ligne collatérale et les étrangers.

de 1 à 50.000 fr.; 1 p. 100 de 50.000 à 100.000 fr.; 0,50 p. 100 au-dessus. — Entre étrangers : 1,50 p. 100 de 1 à 50.000 fr.; 1 p. 100 de 50.000 à 100.000 fr.; 0,50 p. 100 au-dessus.

Bourges : En ligne collatérale, 1,25 p. 100 de 1 à 50.000 fr.; 1 p. 100 de 50.000 à 100.000 fr.; 0,50 p. 100 au-dessus. — Entre étrangers : 1,25 p. 100 de 1 à 100.000 fr.; 0,50 p. 100 au-dessus.

Riom : En ligne collatérale, 1,25 p. 100 de 1 à 50.000 fr.; 0,75 p. 100 de 50.000 à 100.000 fr.; 0,50 p. 100 au-dessus. — Entre étrangers : 1,50 p. 100 de 1 à 50.000 fr.; 1 p. 100 de 50.000 à 100.000 fr.; 0,50 p. 100 au-dessus.

Dijon : En ligne collatérale, 1,25 p. 100 de 1 à 100.000 fr.; 0,50 p. 100 au-dessus. — Entre étrangers : 1,50 p. 100 de 1 à 100.000 fr.; 0,75 p. 100 de 100.000 à 300.000 fr.; 0,50 p. 100 au-dessus.

Lyon : En ligne collatérale : 1,25 p. 100 de 1 à 300.000 fr.; 0,75 p. 100 de 300.000 à 600.000 fr.; 0,50 p. 100 au-dessus. — Entre étrangers : 1,50 p. 100 de 1 à 300.000 fr.; 1 p. 100 de 300.000 à 600.000 fr.; 0,50 p. 100 au-dessus.

Minimum : Aix, 8 fr.; — Agen, 12 fr. Pas de minimum indiqués pour les autres cours.

Tirage au sort des lots.

Moitié des honoraires perçus en matière de partage, mais seulement dans le cas où cette opération est la seule pour laquelle le notaire a été commis.

Titre nouveau.

Moitié des honoraires perçus sur le titre originaire.

Transaction.

Cet acte donne ouverture à l'honoraire spécial de la convention à laquelle il aboutit et, de plus, s'il y a lieu, à un honoraire particulier réglé d'après les difficultés de l'affaire et les soins donnés à sa conclusion conformément à l'article 2 de la loi du 20 juin 1896.

Translation d'hypothèque.

A. *Portant sur la totalité du gage :* Honoraires comme en matière d'affectation hypothécaire.

B. *Partielle :* Mêmes honoraires perçus sur une somme qui sera fixée eu égard au montant de la créance, en tenant compte du rapport existant entre la valeur des biens dégrevés et celle de la totalité du gage.

Minimum. — Orléans : 4 fr.; Bordeaux,

Lyon, Montpellier, Pau, Poitiers, Riom : 5 fr.; Agen, Douai : 6 fr. Pas de minimum fixé pour les autres cours.

Transport de créances.

Honoraires comme en matière d'obligation. Minimum : 5 fr.

Transport de droits litigieux et successifs.

Honoraires comme en matière de vente.

Usufruit (Cession ou don d').

Honoraires comme en matière de vente ou de donation suivant le cas.

Vente par adjudication judiciaire ou volontaire de créances, de droits incorporels (Cahier des charges compris).

Poitiers : 1,25 p. 100 de 1 à 10.000 fr.; 1 p. 100 de 10.000 à 50.000 fr.; 0,50 p. 100 de 50.000 à 100.000 fr.; 0,25 p. 100 au-dessus.

Agen : 1,25 p. 100 de 1 à 10.000 fr.; 1 p. 100 de 10.000 à 300.000 fr.; 0,50 p. 100 au-dessus.

Limoges : 1,25 p. 100 de 1 à 25.000 fr.; 1 p. 100 de 25.000 à 50.000 fr.; 0,50 p. 100 de 50.000 à 100.000 fr.; 0,25 p. 100 au-dessus.

Bordeaux, Toulouse : 1,50 p. 100 de 1 à 10.000 fr.; 0,75 p. 100 au-dessus.

Bastia : 1,50 p. 100 de 1 à 10.000 fr.; 1 p. 100 de 10.000 à 50.000 fr.; 0,50 p. 100 au-dessus.

Orléans : 1,50 p. 100 de 1 à 10.000 fr.; 1 p. 100 de 10.000 à 300.000 fr.; 0,50 p. 100 au-dessus.

Caen, Rouen : 1,50 p. 100 de 1 à 20.000 fr.; 1 p. 100 de 20.000 à 100.000 fr.; 0,50 p. 100 au-dessus.

Aix : 1,50 p. 100 de 1 à 30.000 fr.; 1 p. 100 de 30.000 à 150.000 fr.; 0,50 p. 100 au-dessus.

Chambéry, Grenoble : 1,50 p. 100 de 1 à 100.000 fr.; 0,50 p. 100 au-dessus.

Besançon : 1,50 p. 100 de 1 à 100.000 fr.; 0,75 p. 100 de 100.000 à 200.000 fr.; 0,375 p. 100 au-dessus.

Riom : 2 p. 100 de 1 à 5.000 fr.; 1 p. 100 de 5.000 à 50.000 fr.; 0,75 p. 100 de 50.000 à 100.000 fr.; 0,50 p. 100 au-dessus.

Nancy : 2 p. 100 de 1 à 10.000 fr.; 1,50 p. 100 de 10.000 à 50.000 fr.; 1 p. 100 de 50.000 à 300.000 fr.; 0,50 p. 100 au-dessus.

Nîmes : 2 p. 100 de 1 à 10.000 fr.; 1 p. 100 de 10.000 à 50.000 fr.; 0,50 p. 100 de 50.000 à 100.000 fr.; 0,30 p. 100 au-dessus.

Montpellier, Pau : 2 p. 100 de 1 à 10.000

fr.; 1 p. 100 de 10.000 à 100.000 fr.; 0,50 p. 100 au-dessus.

Lyon : 2 p. 100 de 1 à 10.000 fr.; 1,50 p. 100 de 10.000 à 100 000 fr.; 1 p. 100 de 100.000 à 300.000 fr.; 0,50 p. 100 au-dessus.

Angers : 2 p. 100 de 1 à 20.000 fr.; 1,50 p. 100 au-dessus.

Seine : 2 p. 100 de 1 à 20.000 fr.; 1 p. 100 de 20.000 à 100 000 fr.; 0,50 p. 100 au-dessus.

Dijon, Rennes : 2 p. 100 de 1 à 20.000 fr.; 1,50 p. 100 de 20.000 à 100.000 fr.; 1 p. 100 de 100.000 à 300.000 fr.; 0,50 p. 100 au-dessus.

Paris : 2 p. 100 de 1 à 50.000 fr.; 1 p. 100 de 50.000 à 300.000 fr.; 0,50 p. 100 au-dessus.

Bourges : 2 p. 100 de 1 à 100.000 fr.; 1,50 p. 100 de 100.000 à 150.000 fr.; 1 p. 100 de 150.000 à 300.000 fr.; 0,50 p. 100 au-dessus.

Amiens, Douai : 2 p. 100 de 1 à 100.000 fr.; 1 p. 100 de 100.000 à 300.000 fr.; 0,50 p. 100 au-dessus.

Minimum : Aix : 6 fr.; Bordeaux : 15 fr. Pas de minimum fixé pour les autres cours.

Vente par adjudication de fonds de commerce.

Même tarif que pour les ventes par adjudication de créances et droits incorporels, sauf :

Amiens, Bourges, Nimes, Pau. Rennes : 0,50 p. 100 seulement sur la valeur des marchandises; — Angers : 1 p. 100 de 1 à 20,000 fr.; 0,50 p. 100 au-dessus; — Caen : 1,50 p. 100 de 1 à 20.000 fr.; 0,50 p. 100 au-dessus; — Orléans : 1 p. 100 de 1 à 20.000 fr.; 0,50 p. 100 au-dessus; — Paris : 1 p. 100 de 1 à 50.000 fr.; 0,50 p. 100 de 50.000 à 300.000 fr.; 0,25 p. 100 au-dessus sur la valeur des marchandises.

Vente par adjudication de fruits et récoltes pendants par branches ou racines, de coupes de bois taillis, de futaies aménagées et non aménagées et de tourbages.

2 p. 100 de 1 à 10.000 fr.; 0,25 p. 100 au-dessus. Minimum : 6 fr. — En cas de recouvrement opéré par le notaire : 1 p. 100 sur le montant des sommes recouvrées (Décret 5 novembre 1851).

Vente par adjudication de meubles et objets mobiliers, d'arbres au détail et de bateaux.

6 p. 100. (Voir tarif de la loi du 18 juin 1843.)

Vente par adjudication judiciaire de meubles.

Seine : 2 p. 100 de 1 à 20.000 fr.; 1 p. 100 de 20.000 à 100.000 fr.; 0,50 p. 100 au dessus, indépendamment des honoraires qui peuvent être dus à l'avoué.

Vente par adjudication judiciaire d'immeubles.

1 p. 100 de 1 à 10.000 fr.; 0,50 p. 100 de 10.000 à 50.000 fr.; 0,25 p. 100 de 50.000 à 100.000 fr.; 0,125 p. 100 au-dessus (ordonnance 10 octobre 1841), sauf les dégrèvements prévus par la loi du 23 octobre 1884 pour les ventes judiciaires inférieures à 2.000 fr.

L'honoraire sera perçu sur le prix de chaque lot séparément lorsque les lots seront composés d'immeubles distincts.

Vente par adjudication volontaire d'immeubles (Cahier des charges compris).

Bastia : 1,50 p. 100 de 1 à 10.000 fr.; 1 p. 100 de 10.000 à 50.000 fr.; 0,50 p. 100 au-dessus.

Limoges : 1,50 p. 100 de 1 à 25.000 fr.; 1 p. 100 de 25.000 à 500.000 fr.; 0,50 p. 100 au-dessus.

Aix : 1,50 p. 100 de 1 à 30.000 fr.; 1 p. 100 de 30.000 à 150.000 fr.; 0,50 p. 100 au-dessus.

Poitiers : 2 p. 100 de 1 à 5.000 fr.; 1,50 p. 100 au-dessus.

Riom : 2 p. 100 de 1 à 5.000 fr.; 1 p. 100 de 5.000 à 50.000 fr.; 0,75 p. 100 de 50.000 à 500.000 fr.; 0,50 p. 100 au-dessus.

Nimes : 2 p. 100 de 1 à 10.000 fr.; 1 p. 100 de 10.000 à 50.000 fr.; 0,50 p. 100 au-dessus.

Montpellier, Pau : 2 p. 100 de 1 à 10.000 fr.; 1 p. 100 de 10.000 à 100.000 fr.; 0,50 p. 100 au-dessus.

Lyon : 2 p. 100 de 1 à 10.000 fr.; 1,50 p. 100 de 10.000 à 100.000 fr.; 1 p. 100 de 100.000 à 300.000 fr.; 0,50 p. 100 au-dessus.

Caen, : 2 p. 100 de 1 à 10.000 fr.; 1,50 p. 100 de 10.000 à 100.000 fr.; 1 p. 100 de 100.000 à 500.000 fr.; 0,50 p. 100 au-dessus.

Agen, Toulouse : 2 p. 100 de 1 à 10.000 fr.; 1 p. 100 de 10.000 à 300.000 fr.; 0,50 p. 100 au-dessus.

Bordeaux : 2 p. 100 de 1 à 10.000 fr.; 1,50 p. 100 de 10.000 à 500.000 fr.; 1/8 p. 100 de 500.000 à 1 million de francs ; 0,50 p. 100 au-dessus.

Rennes : 2 p. 100 de 1 à 20.000 fr.; 1,50 p. 100 de 20.000 à 100.000 fr.; 1 p. 100 de 100.000 à 300.000 fr.; 0,50 p. 100 au-dessus.

Dijon : 2 p. 100 de 1 à 20.000 fr.; 1,50 p. 100 de 20.000 à 100.000 fr.; 1 p. 100 de 100.000 à 500.000 fr.; 0,50 p. 100 au-dessus.

Angers : 2 p. 100 de 1 à 20.000 fr.; 1,50 p. 100 de 20.000 à 500.000 fr.; 1 p. 100 de 500.000 à 1 million de francs ; 0,50 p. 100 au-dessus.

Besançon : 2 p. 100 de 1 à 30,000 fr.; 1,50 p. 100 de 30.000 à 100.000 fr.; 1 p.100 de 100.000 à 500.000 fr.; 0,50 p. 100 au-dessus.

Chambéry, Grenoble : 2,50 p. 100 de 1 à 5.000 fr.; 1,50 p. 100 de 5.000 à 20.000 fr.; 1 p. 100 de 20.000 à 100.000 fr.; 0,50 p.100 au-dessus.

Bourges : 2,50 p. 100 de 1 à 5.000 fr.; 2 p. 100 de 5.000 à 50.000 fr.; 1 p. 100 de 50.000 à 500.000 fr.; 0,50 p. 100 au-dessus.

Nancy : 2,50 p. 100 de 1 à 10.000 fr.; 2 p. 100 de 10.000 à 50.000 fr.; 1.50 p. 100 de 50.000 à 100.000 fr.; 1 p. 100 de 100.000 à 500.000 fr.; 0,50 p. 100 au-dessus.

Rouen : 2,50 p. 100 de 1 à 10.000 fr.; 2 p. 100 de 10.000 à 50.000 fr.; 1 p. 100 de 50.000 à 150.000 fr.; 0,50 p. 100 au-dessus.

Orléans : 3 p. 100 de 1 à 5.000 fr.; 2 p. 100 de 5.000 à 50.000 fr.; 1,50 p. 100 de 50.000 à 100.000 fr.; 1 p. 100 de 100.000 à 500.000 fr,; 0,50 p. 100 au-dessus.

Amiens : 3 p. 100 de 1 à 25.000 fr.. 2,50 p. 100 de 25.000 à 50.000 fr.; 2 p. 100 de 50.000 à 100.000 fr.; 1 p. 100 de 100.000 à 500.000 fr.; 0,50 p. 100 au-dessus.

Douai : 3,50 p. 100 de 1 à 10.000 fr.; 3 p. 100 de 10.000 à 25.000 fr.; 2,50 p. 100 de 25.000 à 50.000 fr,; 2 p. 100 de 50.000 à 100.000 fr.; 1 p. 100 de 100.000 à 500.000 fr.; 0,50 p. 100 au-dessus.

Paris : 3.50 p. 100 de 1 à 5.000 fr.; 3 p. 100 de 5.000 à 25.000 fr.; 2.50 p. 100 de 25.000 à 50.000 fr.; 2 p. 100 de 50.000 à 100.000 fr.; 1 p. 100 de 100.000 à 500.000 fr.; 0,50 p. 100 au-dessus.

L'honoraire sera perçu séparément sur le prix de chaque lot. Si dans le délai de quatre mois, après une tentative d'adjudication restée infructueuse, la vente est réalisée de gré à gré, l'honoraire d'adjudication est dû au notaire.

Seine : I. *A la chambre des notaires* : 1.50 p. 100 jusqu'à 1 million de francs ; 1 p. 100 de 1 à 2 millions de francs; 0,75 p. 100 de 2 à 6 millions ; 0,50 p. 100 au-dessus. Si l'adjudication n'est pas suivie il n'est rien dû pour le cahier des charges.— *Vente à titre de licitation.* Si l'adjudication est prononcée au profit d'un colicitant :

1,25 p. 100 jusqu'à 1 million de francs ; 0,75 p. 100 de 1 à 2 millions de francs ; 0,50 p. 100 au-dessus. — II. *Vente partout ailleurs qu'à la chambre des notaires.* — A. *Terrain de culture* : 4 p. 100 de 1 à 3,000 fr.; 3 p. 100 de 3.000 à 20.000 fr.; 2 p. 100 de 20.000 à 50.000 fr.; 1 p. 100 de 50.000 à 100.000 fr.; 0,50 p. 100 au-dessus. — B. *Terrain à bâtir* : 3 p. 100 de 1 à 20.000 fr.; 2 p. 100 de 20.000 à 50.000 fr.; 1 p. 100 de 50.000 à 200.000 fr.; 0,50 p. 100 au-dessus. — C. *Autres immeubles ou maisons* : 2 p. 100 de 1 à 200.000 fr.; 1 p. 100 de 200.000 à 600.000 fr.; 0,50 p. 100 au-dessus. — L'honoraire est perçu dans toute adjudication séparément sur le prix de chaque lot. — Le même honoraire est dû lorsque la vente est réalisée de gré à gré dans les quatre mois de la tentative d'adjudication.

Vente d'immeubles de gré à gré.

Bastia : 1 p. 100 de 1 à 20.000 fr. ; 0,50 p. 100 de 20.000 à 100.000 fr. ; 0,25 p. 100 au dessus.

Riom : 1 p. 100 de 1 à 50.000 fr. ; 0,75 p. 100 de 50.000 à 100.000 fr. ; 0,50 p. 100 de 100.000 à 300.000 fr.; 0,25 p. 100 au-dessus.

Besançon : 1 p. 100 de 1 à 100.000 fr. ; 0,50 p. 100 de 100.000 à 200.000 fr. ; 0,25 p. 100 au-dessus.

Dijon : 1 p. 100 de 1 à 100.000 fr. ; 0,75 p. 100 de 100.000 à 200.000 fr. ; 0,50 p. 100 de 200.000 à 300.000 fr. ; 0,25 p. 100 au-dessus.

Amiens, Caen, Chambéry, Grenoble, Montpellier, Nancy, Nîmes, Orléans : 1 p. 100 de 1 à 100.000 fr. ; 0,50 p. 100 de 100.000 à 300.000 fr.; 0,25 p. 100 au-dessus.

Pau, Rouen : 1 p. 100 de 1 à 100.000 fr. ; 0,50 p. 100 de 100.000 à 500.000 fr. ; 0,25 p. 100 au-dessus.

Bourges : 1 p. 100 de 1 à 150.000 fr. ; 0,50 p. 100 de 150.000 à 300.000 fr ; 0,25 p. 100 au-dessus.

Aix, : 1 p. 100 de 1 à 150.000 fr. ; 0,50 p. 100 de 150.000 à 500.000 fr. ; 0,25 p. 100 au-dessus.

Agen, Angers, Douai, Limoges, Paris, Rennes, Toulouse : 1 p. 100 de 1 à 200.000 fr.; 0,50 p. 100 de 200.000 à 500.000 fr. ; 0,25 p. 100 au-dessus.

Poitiers : 1 p. 100 de 1 à 200.000 fr. ; 0,50 p. 100 de 200.000 à 400.000 fr. ; 0,25 p. 100 au-dessus.

Bordeaux : 1 p. 100 de 1 à 300.000 fr. ; 0,50 p. 100 de 300.000 à 600.000 fr. ; 0,25 p. 100 au-dessus.

Lyon : 1 p. 100 de 1 à 300.000 fr.; 0,75

p. 100 de 300.000 à 500.000 fr. ; 0,50 p. 100 de 500.000 à 1 million de francs ; 0,25 p. 100 au-dessus.

Seine : 1 p. 100 de 1 à 800.000 fr. ; 0,50 p. 100 de 800.000 à 1.500.000 fr. ; 0,25 p. 100 de 1.500.000 à 3 millions de francs ; 0,125 p. 100 au dessus.

Minimum : 5 fr.

Vente de gré à gré de bois taillis, futaies fruits et récoltes.

Même tarif que pour la vente d'immeubles de gré à gré, sauf : Nancy : 0,50 p. 100 de 1 à 100.000 fr. ; 0,25 p. 100 au-dessus.

Vente mobilière de gré à gré.

Même tarif que pour la vente d'immeubles de gré à gré, sauf :

Nancy : 0,50 p. 100 de 1 à 100.000 fr. ; 0,25 p. 100 au-dessus.

Seine : 1 p. 100 de 1 à 20.000 fr. ; 0,50 p. 100 de 20.000 à 100.000 fr. ; 0,25 p. 100 au-dessus.

Vente de gré à gré d'actions commerciales, et industrielles et autres droits incorporels.

Même tarif que pour les ventes d'immeubles de gré à gré, sauf : Douai : 0,50 p. 100 de 1 à 50.000 fr. ; 0,25 p. 100 au-dessus.

Vente de gré à gré de fonds de commerce.

Même tarif que pour la vente d'immeubles de gré à gré, sauf :

Amiens, Bourges : 0,50 p. 100 sur la valeur des marchandises.

Rennes : 0,50 p. 100 de 1 à 50.000 fr. ; 0,25 p. 100 au-dessus, sur la valeur des marchandises.

Nancy : 0,50 p. 100 de 1 à 100.000 fr. ; 0,25 p. 100 au-dessus.

Angers, Limoges, Orléans, Poitiers : 1 p. 100 de 1 à 20.000 fr. ; 0,50 p. 100 au-dessus.

Douai : 1 p. 100 et 0,50 seulement sur la valeur des marchandises.

Paris : 1 p. 100 de 1 à 200.000 fr. ; 0,50 p. 100 de 200.000 à 500.000 fr. ; 0,25 p. 100 au-dessus. Sur la valeur des marchandises moitié des honoraires ci-dessus.

Vente de gré à gré d'offices ministériels.

Même tarif que pour les ventes de gré à gré de fonds de commerce, sauf :

Bordeaux : 0,50 p. 100.

Vente de gré à gré de navires.

Même tarif que pour les ventes mobilières, sauf :

Douai, Rouen : 0,25 p. 100.

Bordeaux, Rennes : 0,50 p. 100.

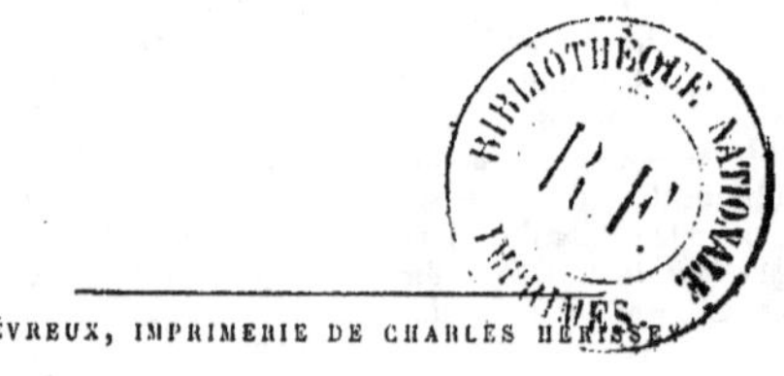

OUVRAGES DE M. DEFRÉNOIS

PUBLIÉS PAR L'ADMINISTRATION DU RÉPERTOIRE GÉNÉRAL PRATIQUE DU NOTARIAT

40, RUE D'ASSAS, 40

I. — **Répertoire général pratique du Notariat de France et d'Algérie**, recueil bimensuel, divisé en quatre parties : 1° jurisprudence et pratique notariale ; — 2° législation commentée ; — 3° formules d'actes ; — 4° bulletin parlementaire. — paraissant les 15 et 30 de chaque mois, depuis l'année 1881. — Abonnement annuel : 16 francs, en un mandat postal. — Ce recueil contient : Tous les arrêts et jugements (600 par an) ; — Les lois et décrets commentés ; — Des formules inédites d'actes notariés ; — De nombreuses dissertations et observations pratiques ; — Les nominations de notaires ; — Un tableau exact et complet du cours de la Bourse ; — Une table de concordance permanente, donnant instantanément l'état de la jurisprudence sur toute question, etc.

II. — **Traité pratique et Formulaire général du Notariat de France et d'Algérie**, suivant une méthode nouvelle, plaçant la formule à côté de l'explication théorique. 7ᵉ édition, entièrement refondue et considérablement augmentée, comprenant 12584 numéros d'explication et 1900 formules. 5 forts volumes grand in-8°, au courant de la législation (1897). Prix : *franco*, brochés, 60 fr. ; reliés. . . . 75 fr.

III. — **Traité-formulaire des Partages d'ascendants entre vifs et testamentaires.** Extrait de la 7ᵉ édition du *Traité-Formulaire général du Notariat* (300 numéros d'explication et 40 formules). Brochure grand in-8° (1891). Prix : broché, 4 fr. ; relié . . 5 fr.

IV. — **Traité-Formulaire des Contrats de mariage.** Extrait de la 7ᵉ édition du *Traité-Form. gén. du Not.* Brochure grand in-8° (1892). Prix : broché, 4 fr. ; relié . . . . 5 fr.

V. — **Traité-Formulaire des Déclarations de succession et des Droits de mutation par décès.** Extrait de la 7ᵉ édition du *Traité-Form. gén. du Not.* Brochure grand in-8° (1892). Prix : broché, 4 fr. ; relié . . . . 5 fr.

VI. — **Table décennale, méthodique et analytique**, comprenant le résumé de toutes les matières ayant paru dans le Répertoire, de 1881 à 1890. Prix : broché, 10 fr. ; relié. . . . . 12 fr. 50.

VII. — **Législation commentée de 1880 à 1895.**
Tome I. 1880 à 1885. Prix : 8 fr. ; rel. 10 fr. 50
Tome II. 1886 à 1890. Prix : 8 fr. ; rel. 10 fr. 50
Tome III. 1891 à 1895. Prix : 8 fr. ; rel. 10 fr. 50

VIII. — **Formules d'actes annotées de 1880 à 1895.**
Tome I. 1880 à 1890. Prix : 8 fr. ; rel. 10 fr. 50
Tome II. 1891 à 1895. Prix : 6 fr. ; rel. 8 fr. 50

IX. — **Traité pratique et Formulaire des Liquidations et Partages** de : Successions ; — Sociétés ; — Sociétés d'acquêts ; — Reprises après renonciation et séparations de biens ; — Restitutions de dots, etc. — 2 très forts volumes grand in-8° à 2 col. 3ᵉ édition (1895). Prix : brochés, 24 fr. ; reliés. 29 fr.

X. — **Traité et Formulaire (en regard) des Scellés** et de l'Inventaire. 4ᵉ édition, un vol. in-8° (1897). Prix : *franco*, 6 fr. broché ; relié toile. . 6 fr. 75

XI. — **Traité et Formulaire des Testaments authentiques, mystiques et olographes, et des Legs.** 3ᵉ édition (1898) entièrement refondue et considérablement augmentée. 539 numéros d'explication et 150 Formules. — 1 volume grand in-8°, format portatif. Prix : *franco*, 4 fr. ; relié en toile . . . . 4 fr. 75

XII. — **Commentaire pratique de la Loi du 27 février 1880,** relative à l'aliénation des valeurs mobilières appartenant aux mineurs et aux interdits, et à la conversion de ces mêmes valeurs en titres au porteur, AVEC FORMULES, 2ᵉ édition (1887). — Brochure grand in-8°. — Prix : *franco* . . . . 2 fr.

XIII. — **Commentaire pratique de la Loi sur les Ventes judiciaires d'immeubles du 23 octobre 1884.** Brochure grand in-8°, 3ᵉ édition (1891), AVEC 16 FORMULES. Prix : *franco*. . . . . 2 fr.

XIV. — **Commentaire pratique des Lois des 27 juillet 1884 et 18 avril 1886 sur le Divorce et la Séparation de corps.** Un volume grand in-8°, relié, 3ᵉ éd. (1887), AVEC 16 FORMULES. Prix : *franco*. 6 fr. 50

XV. — **Commentaire pratique des Lois des 23 mars 1855, art. 9, et 13 février 1889,** relatives à la renonciation par la femme à son hypothèque légale, AVEC 27 FORMULES. Brochure grand in-8° (1890). Prix : *franco* . . . . 3 fr.

XVI. — **Commentaire pratique des Décrets des 30 janvier et 2 février 1890 sur le Notariat,** AVEC 22 FORMULES. Brochure grand in-8° (1890). Prix : *franco* . . . . 3 fr.

XVII. — **Commentaire pratique de la Loi du 1ᵉʳ août 1893, sur les Sociétés par actions,** AVEC 7 FORMULES. Brochure grand in-8° de 84 pages (1893). Prix : *franco*. . . . . 2 fr.

OUVRAGES DE M. CH. DEFRÉNOIS

I. — **Traité du Contrat d'assurance sur la Vie,** AVEC 30 FORMULES. 1 vol. in-8°, avec supplément (1897). Prix : 6 fr. ; avec reliure en basane . . . 7 fr. 25

II. — **Traité des Droits d'hérédité entre Epoux.** Commentaire pratique de la loi du 9 mars 1891, AVEC 18 FORMULES. 1 volume in-8°, 4ᵉ édition (1895). Prix. . . . . 2 fr. 50

III. — **Commentaire pratique de la Loi du 25 mars 1896 sur les Droits d'hérédité des Enfants naturels,** AVEC 24 FORMULES. 1 volume in-8° (1896) Prix. . . . . 3 fr.

IV. — **Du Contrat d'assurance sur la Vie entre Epoux.** Brochure grand in-8° (1897). Prix : *franco*. . . . . 2 fr.

V. — **Commentaire pratique de la loi du 24 décembre 1897,** relative au recouvrement des frais dus aux notaires. Brochure grand in-8°, 1898. Prix : *franco* . . . . 1 fr. 75

ÉVREUX, IMPRIMERIE DE CHARLES HÉRISSEY